Barbarians

in the Kitchen

ALSO BY GINNY LOWE CONNORS

Essential Love: Poems About Mothers and Fathers,
Daughters and Sons (ed.), Grayson Books, 1999

To Love One Another: Poems Celebrating Marriage (ed.),
Grayson Books, 2002

Proposing on the Brooklyn Bridge: Poems About
Marriage (ed.), Grayson Books, 2003

BARBARIANS
IN THE KITCHEN

Poems by

Ginny Lowe Connors

Antrim House
Simsbury, Connecticut

First Edition

2005

Library of Congress Cataloging-in-Publication Data

Connors, Ginny Lowe.
  Barbarians in the kitchen : poems / by Ginny Lowe
Connors.— 1st ed.
    p. cm.
  ISBN 0-9762091-4-4 (alk. paper)
  I. Title.

  PS3603.O5495B37 2005
  811'.6—dc22

                            2005009844

Cover art: detail from "My Rosetta Stone," Virginia Dehn

Photo of Author: Cindy Stewart

Antrim House
www.antrimhousebooks.com
860-217-0023

ACKNOWLEDGEMENTS

My thanks to the following publications, in which these poems first appeared (some in slightly different versions):

Magazines and Journals:

Atlanta Review : "A Husband's Refuge"
Calyx: "The Swimmer"
Connecticut River Review: "Give Me Tomorrow"
English Journal: "Anthony After School"
   © 1999 National Council of Teachers of English,
   reprinted with permission
The Leaflet: "Dropped, Lost, Left Behind"
Perigee: "Rare Albino Tiger Escapes"

Anthologies:

Encore, 2004: "Present and in Awe"
Essential Love: "Daughter, 16"
The Heart of the Matter: "Seizure"
Illuminations: "A Relative Stranger"
Love and Trouble: "Pierced"
Proposing on the Brooklyn Bridge: "We are Civilized"

I'd like to express special gratitude to my partners in poetry, who have given invaluable support and astute suggestions all along the way: Sherri Bedingfield, Tere Foley, Bob Jacob, Pat Hale, Nancy Kerrigan Jarasek, Christine Beck Lissitzyn, and Elaine Zimmerman. And of course, I want to thank Marty, my partner in life, for his generosity, patience, and support.

for Adam, Cindy, Dan, and Owen

BARBARIANS IN THE KITCHEN

HUNGER

SEEKING CLUES

PIERCED

BARBARIANS IN THE KITCHEN

STOPPING TRAFFIC

Barbarians

in the Kitchen

HUNGER

FIRST MEMORY

When the first light
of memory flickers on,
there are no words,
only movement, only shock.

The giant figure of my grandfather
rushes toward me,
an expression of such alarm
on his ruddy face

that he becomes an icon
like Munch's Scream
that goes on and on, past
dreams, into worlds

we do not wish to know.
I turn from the mirror,
the same one my mother searches
when she applies the lipstick,

which I hold in my hand now,
its red magic transforming me,
but into what? I crouch
on the high sink, precarious,

look into the glass
hoping to find the answer.
But thinking blood, fearing loss,
my grandfather lunges toward me.

WORMS

Sometimes it rains worms.
    When rain stops drowning the world
        and drops become tiny crystal balls
balanced on edges of leaves,
    you can burst out of dim rooms, find
        dozens of worms.
Be careful! They're soggy, sleepy
    from their long slip
        through a water-drenched sky.
Amanda screeches at them, though,
    tiptoes around them, stretches up and away
        like some huge, ungraceful cat.
She twists her lips, squeals,
        Worms! They stink! Although
        they simply rest at her feet, innocent
as grass. But she insists they're cold,
    they're slimy, they're gross.
        I look again, seeing only
how they glisten, how they're very nearly pink,
    Amanda's favorite color. But she says *No!*
        They're gray, the color of death!

The color of death.
    Which crayon would I choose
        if death stared out from the coloring
book?
And how has Amanda learned the answer?
    But she won't tell. She runs away,
        shouting *Gross! They're gross!*
over her shoulder.
    I look again, take one small worm

in my hand. I think
these worms are beautiful adventurers
and if they could talk,
they would tell of other worlds,
they would help us know
what it could be like to fly,
float or wriggle
through air, through water, through dirt
almost unnoticed, and all this
without wings, fins or feet.

MEMORY OF GRASS

I have the memory of grass.
All that green, it came
from nowhere, went on forever,
bright as a child's new wish.
All summer I lived in grass.
With creatures smaller than us,
cats, beetles, butterflies,
we were free for hours
in the warm air, in the soft
embrace of the grass.

It covered the long hill
we rolled down, the world
turning into a crazy, cut-glass
kaleidoscope that smelled
like grass. When we sat up
nothing stayed still and we liked it
that way. Little pebbles, splintery
sticks struck us as we rolled
through our long, green days.
We hardly noticed, wrapped
in the soft embrace of grass.

Through that sun-drenched
season it grew longer and longer
and it was rich in buttercups,
daisies, Queen Anne's lace.
And bees, crickets, always
faintly buzzing in the grass.
Every summer day we waded
through it, making paths that swayed

and waved us forward, paths
that hid us from the little dangers
glimmering toward us, fading
away like heat lightning
on the horizon. We felt safe
in the soft embrace of grass.

Late afternoons, I'd arrive home,
hair tangled, thick with bits of meadow.
On my knees, long green stains,
and the cool crush of something minty
on my hands. On my skin it lingered,
this scent of grass. If I forgot to bathe,
I'd sleep with that smell, dream
summer dreams, stars falling in long
streaks into fields of deep green,
rising up again as blossoms,
shining like my memory of grass.

LEANING TOWARD TROUBLE

We'd put a penny on the track,
bend close to feel a tremor
rippling along the ground,
entering our bodies. We'd lean
toward the hot, metallic
monster bearing down on us,
steaming into our lives like disaster.

How still the afternoons
before the train arrived, how we
huddled together, licking at anticipation,
sweeter than even the orange pops
which had satisfied just last year.

Then the noise swallowed us,
took us right out of our world.
We spiraled into tiny specks of grit,
flying like sand in a storm,
then stretched into clouds floating
in a universe wide and cool
as any far-off sea,
and this happened all at once.

We were just kids
left to ourselves for long dull days,
so we gathered at the tracks,
crept close as we could, stumbled
back at the very last minute,

as we would years later
when flattened by routine,

despair drove us to seek
the smoke and roar of danger
thundering right toward us.

You think we didn't know
it might flatten us?
Damage would mean change,
a sweet relief, like the penny turned
smooth, thin, mysteriously sculpted,
still itself, but not. That coin was spent
in one instant on the track,
but it was transformed and it

was saved. We tucked a thumb
into its curved center,
kept it in a pocket or a box
to touch and wonder at
that whole long summer and we
return to it still.

HOOLIGANS

After supper, daylight lingers.
Lilac, its heady scent
of purple, drifts
through an open window.
My old dog barks once, twice,
three times as swarms of wild
children race past the house.

Hooligans!
Streaking past my window,
bright colors, bold shrieks...
just as I get them in focus,
they're gone.
But they whoop, they scream,
and now they're dancing
the Hullabaloo.

Once I was one of them,
electric with joy. I swear
my body threw off sparks
as I sped down alleys,
through back yards and I
was formless, all motion.
Screams tumbled out of me,
rolled into the grass.

In the doorway my mother
called once, twice,
three times before I heard her.
Fireflies flashed
Good-bye! Good-bye!

as I submitted finally to order,
to bath and to bed.

Forty thieves stole that child away.
No ransom note.
Nothing.
Of my mother's voice, only
an echo lingers, calling to me sometimes
in dreams where it is twilight
and Mother stands calling,
calling, the door
slightly open behind her.

LEGACY

Ellen Bryant Voigt's "Lesson" includes
the words " my face a kindly/ white-washed wall."

My father was brilliant, people said,
and everyone agreed my mother
wore her beauty like a fine silk scarf.
She suffered, it's true,

from myopia, but it was endearing,
the way she smiled gently
at the blur and bustle of the world
as it moved on, just beyond her reach.

She never could see death,
and wouldn't hear of it, though
uninvited, it might crash her party,
grab the hand of her dearest friend

and leave the gala early.
My mother's lips would tighten
as she looked away. Only
the ignorant, only the gauche,

would notice such indiscretions.
When my father lay dying,
she raised her chin and day
after day, propped him up.

Grief, she believed, was not
a useful art. Later as her own grip
loosened on the faithless goods

of life, she denied, denied, denied

the whole damn thing: illness,
doctors, dying, all of it.
From my parents I learned,
long before they sank into the terrible

kindness of their beds, to make
of my own face a kindly
white-washed wall. This talent
was served up to me like buttered toast.

I learned it in the morning of my life,
practiced all afternoon,
and am still checking the mirror
to make sure nothing shows.

WE ARE CIVILIZED

It's an odd summer evening.
At window screens,
no bugs clamor to be let in.
The room wheezes, air
squeezed out hours ago
by the heaviness of things unsaid.
I flip a page, feel color seep
from my skin, observe myself turning
transparent. You rise to leave me,
drop something artificial on my lips,
light as a whisper, call it
a kiss, dutiful
gesture, polite
accusation.

HUNGER

The damage it had done!
And so she turned away,
fingered her life's small change,
spent it cautiously. Not
for her the yawning
hole, the dark guffaw,
sly wink of the trickster.

Within her rented room
she was content. Not
a speck of tarnish
marred her silver spoon.
Sunlight for her
was something tepid, tame,
settling on her shoulder
as she strolled, mild afternoons,
a country lane.

But one day she turned
to stare as some large thing
crackled in the underbrush.
It groaned. How suddenly
the bear appeared! Rough
hunger in a tattered coat,
it tore at something
there near a tumbled wall
of ancient stone.

She stepped forward,
one step, two, hardly
believing this hunched,

near-human form
could be so close.
It heaved itself toward her,
paused. Something rumbled
in its throat. Frail protection,
her human skin. It felt
so thin, like milk left over,
bottom of a cup.

She backed away,
one step, two, but first
she stared into the beast's
small, unblinking eyes.
A sense of déjà vu.
Something passed
between them. Fear.
Recognition.
Hunger.

ENTERING THE FOREST

You must enter the forest alone.
On this journey, no one can help you.
Let leaves brush against you,
shadows fall over you.
Let the scent of cedar change
the way you breathe. Let the rustle
of small living things surround you.

You lose your shoes.
The pine needles are soft,
the deep moss softer still,
but thorns are in the thicket
and you must go through it.
Let it tear away a little of your skin.
You may want to turn back,
but there is no turning.

You are thirsty and lost,
the shadows are deepening.
You come across a cavern,
cracked stone, narrow and uneven.
Calling into it, you hear
no echo. Your voice
has disappeared.
When you notice the bones,
you try to break away,
but you are going deeper,
always deeper into that place

you don't want to know.
All the lies you have told yourself,

the ones you counted on,
all have fallen away.
Roots and rocks trip you,
and sprawled in a litter
of brown needles, what you taste
is your own salty blood.

What can you do but get up,
go on a little farther?
That's when you stumble
across the path of a fawn,
who lifts its head, flicks
its translucent ears and for a long
moment stares at you.
Its tawny coat looks like sunlight
falling through leaves.

Finally you find your way
into a clearing full of light.
A snake, each scale perfectly
polished, startles you.
The terrible beauty
of its small flat head, its lightning
tongue holds you still
till it side-sweeps away.
You kneel down
at a pool of deep water.

The face looking back
recedes. You begin to see
through it, beyond it, into
something else. Flick
of a fin, swish of a tail.

You begin to remember
what you knew as a child.
You cup your hands then,
drink the cool water.
You find your way home.

THE TURN

I do not know
how I came to lift my face
from deep waters.
I do not remember
the time before this life
and neither can I say
when that inscrutable sea
will pull me back.

> But I have learned
> that life is round,
> sleep rounding the daylit
> world and wakefulness
> sweeping away the night.
> And though I love the light,
> I do not fear the darkness.

It is right sometimes
to curl into sleep,
a cave dark brown
and forgiving. There I slowly
unfurl, follow the spirit breath
as it spills into the deep
spaces between stars.

> The long arc of falling,
> the spiral through soft
> darkness; it is lovely.
> Sparklers weaving
> through a warm summer's
> eve. It is like that.

All night I pursue
my lost selves. Slipping
out of human clothes
at last, I step into fins,
feathers, furs.

SEEKING CLUES

THE SWIMMER

He hurls himself over the edge of the pool
sailing briefly, a flash of flailing limbs
and happy noise,
then rises to the surface, shakes,
and with graceless strokes,
grunts of effort and pleasure,
swims to the end of the pool.
Pulling himself up and out,
hopping and hugging himself,
he seems an exotic bird,
head spiked with wet tufts,
eyes goggle-huge.
A suit faded and worn
sags below his narrow hips,
the pockets hanging out.
His legs are too thin for his body,
his knees are knobby,
but he glistens in the sun,
bursts with a joy he flings around
like drops of water at last released.
I want to reach out and touch him
but he's plunged in again, kicking
and laughing. Something ripples
in my belly. Faint echoes
of the blinding pains return,
and once again he's kicking his way
toward the light. A doctor murmurs
about something gone wrong;
white coats suddenly cluster,
but at last there's relief, emptiness
as he slides all the way out, his color

deep purple and oh, his glorious cry.
Is he all right? Is he? I cried
and he was,
he is.

BARBARIANS IN THE KITCHEN

The word he hisses
crackles through the kitchen
like lightning, strikes his sister
sudden as a slap.
She stares, round-eyed,
while I turn sharp and stern.
The Unacceptable
squats between us, huge
as a mastodon, and we
must slay it. I rebuke
the heathen who let it in.

His brows knit together,
cheeks tighten and he swallows
painfully. It is clear
he's an eight year old child
attempting to become a statue,
but the tears come sliding out.

Laughing in crystalline tones,
my daughter demands,
What are you crying for?
I'm the one got called a name!
His delicate ears turn pink.
I turn and carry dishes toward the sink,
awestruck once again
by the force of my children's passions.

I am a parent,
but when did I ever accept this job
of molding their wildness

into cool civility?
Glancing back at my son
I see his eyes are deep gray pools
which seem to call out,
We are lost, lost
while those who should save us
turn away.

A RELATIVE STRANGER

So he is not the one
you thought you wanted.
Instead, he throbs with possibilities
you never dared imagine.
What were you expecting anyway?
Some sunny boy who'd embrace
the world with his smile?
Instead the star that has landed
in your back yard is a jagged heap
of scowling nerves, complicated,
stubborn. His boy heat scorches
the upholstery of your ordered life.
His swift glance, harsh as highbeams,
blinds you, leaving you just a little lost.
You say his feet keep growing
out of his shoes? His elbows, knees
knock holes in those walls
you keep trying to plaster over?
A prism swings gently
at his window. Lights dazzle
the corners of his room, energy
with no place to go. That's your son,
a thousand pieces of you and the others
who came before him, shattered,
shining, busy forming some fresh,
original pattern that has never
been seen before.
Look hard at your son,
how brilliantly he is becoming himself.

TRACKING THE BEAR

Driving past fields of yellow grass
in afternoon's long light I see, I think I see,
a big black dog; but wait, it's a bear,
a heavy darkness casually
crossing the meadow. Slouching
in the seat beside me
is my son, fifteen years old. *Look,*
I tell him, gesturing out there,
but the boy's plugged in to music I can't hear,
fingers drumming the beat. *What?*
Where? He doesn't get
what I'm going on about. In moments
that bear becomes shadow
slipping from day-lit field into the wood
of memories. Telephone poles
blink past as I glance at my oversized boy.

He's bear-like himself, the way he grunts,
the way he prowls through dim-lit rooms
at night. But no, he is a child.
Although he runs a razor over the down
on his upper lip, his skin's mostly smooth and fair,
rosy on warm days, clear as milk.
His hair, once golden, has turned brown;
it's cut short to save time on combing.
His odor, once grass and cookies,
innocent sweat, has turned dense,
musky, though his showers go on and on.

Sometimes I grope through leftover
forests of steam, seeking clues

to my child's disappearance,
follow towels, dirty clothes dropped like spoor
along the path to his room. I learn nothing,
find all doors closed to me.
Weekends he hibernates,
sleeping in till noon, then shuffles
around the kitchen, blinking and eating,
blinking and eating, his words muffled
messages from an adolescent world
that's strange and rough. Or he's hunched
in front of screens that bellow, moan and screech.
Sometimes he watches mayhem live
on TV news, tells me what's up or shows me
he's taller than I am, taller
than older sister, brother, dad. He's glad.
Bouncing on the balls of his feet, he'll touch
the ceiling, laugh. The phone rings
and it's for him, though he never talks
longer than a minute, never talks at all
to girls, only looks at them, sliding
his eyes slowly, while his ears turn pink.

At night, long after he's gone to bed,
he hasn't. Lumbering footsteps break
the night's calm, doors slam. This happens
again and again. When finally he sleeps,
it's with the cat curled up against his chest,
one arm holding kitty close.

I'm squinting into the twilight now,
tired of driving, unsure if I've passed
the turn. We should be nearly there.
Looking over at my son, I see

his head nodding against the window,
his mouth falling open.
I think of that bear slipping out of sunlight,
into shadowy woods.

DAUGHTER, SIXTEEN

You shy from my touch,
turn toward the door.
Glancing back, you raise your palms,
exasperated. I cannot hear
your music, cannot feel
the light rising through your body,
lifting you right off the ground.

As you hesitate, the doorway open,
scents of spring drift around you,
cut grass, damp soil pushed aside
by green things opening up.
Your hands reach out
catching sunlight, cloud shadows

in May's new-washed light.
You glance toward tiny drops of rain
poised in the cups of young leaves.
Then you look back at me.
Something close to understanding
flies between us. I blink
and once again, you're gone.

MY SON TURNS TWENTY-FOUR

My son was born backwards
with the help of large tools.
Ten days overdue. Bruises

at his temples, dark as plums,
but I thought the child
very nearly perfect.

Tornadoes ripped through town
the day of his birth.
Historic planes at the Air Museum

flew brief, cockeyed missions,
smashed, splintered as air whistled
and shrieked. My own history

veered off too, careened
toward dimensions I had never
dreamed of visiting,

the day that child was born.
For three months he screamed
through dinner. Then he refused to crawl.

Just stood up one day and walked,
fell down, bellowed, threw himself forward,
fell down, howled again, walked.

Clear across the room.
At three he favored a red ball cap.
When he put it on at breakfast,

we were in for a bad day.
I'm wearing my mad hat, he'd say.
And when Grampa asked,

What will you be, all grown up?
A robber! he answered
before galloping off to play.

At fourteen he dyed his hair
deep purple, clutched a guitar
and screamed something incoherent.

An echo of the universe,
its surge and crackle. At seventeen
he tumbled into love

with another guy. Escorted
him to the prom. My blue-eyed blond
with smiling Chinese boy, an exotic couple.

Now he's grown, I guess,
if anyone ever is. Lives clear
across the country. In a letter

he writes, *Thanks for putting up*
with me all those years. At last
I've found my life. And it is good.

A HUSBAND'S REFUGE

You stroll into the garage like an angel
diving into sudden grace; all the gears and gaskets
in the place shine brighter now, engines hum their low,
loving hymns to vroom and go, beauty of brawn
directed forward into flight. Whistling lightly, you caress
your tools, measure copper tubing, cut it down to size,
shoot thin flames to rearrange it, slowly shape and
   change it,
all according to some fine plan you have devised.
You study stacks of diagrams, handle metal by the sheet,
weld solutions thoughtfully. You are careful, useful, neat.

Sometimes the snow demands to be shoveled,
it piles up. When we turn up the heat, Lord,
how the pipes sigh and wheeze, but we must try
a little longer living with a furnace that's antique.
   And now
your father needs to tell you something urgent, but since
the stroke, he can barely speak. What emerges when
   he tries
could break your heart. The strongest man in the world
has turned feeble, peevish, weak. And your son,
who's far away, forgets to call, forgets to call.

Forget all that. Something crystal clear and perfect
is taking shape right here. The answers seek and find
you in this austere garage retreat, temple of True Value
where you, my laboring lover, are lost
in pure, creative heat.

NO OTHER LIGHT

We return to the world
from that other place
where gravity spins and spins
till nothing holds and logic
splinters into sparks.

First the blaze of our bodies
settles into separate stars. Then
a little chill caresses my shoulder.
As you fall away from me,
I start to remember who I am
and where it is I've landed.

Now your damp skin,
separate from mine,
is something I breathe in.
Your bony shoulder leans
toward me and there
is the little crease in back
of your neck, a thin path
time has ploughed without
your knowledge. In my right ear,
the soft whooshing of my heart,
its small extra beat like a child
hop-skipping to keep up.

My dear, we've returned
to our mortal bodies.
It's the deepest part of winter,
yet I sleep in your steady heat.
On the other side of the glass

long shadows of trees
fall over silent snow.
The moon is just past full.
No other light is needed.

HUNG FAT'S CHINESE PALACE

When we go out for Chinese food
we are celebrating:
our son graduates from high school,
our daughter arrives home from college,
my husband finishes yet another project.

When we go out for Chinese food
we are a HAPPY FAMILY,
and there it is on the menu,
item number one under Specialties
of the Chef, affirming our good luck.
Look, I exclaim, *This menu speaks to us!*

They exchange glances, hope
I will keep it under control.
But soon they're back to joking around,
smiling at each other, turning the tall
pages of the menu and finding
on the paper place mats
the years of their births,
year of the ox, the rabbit, the snake.

We live on a dead-end street. The cars
are old, but paid for. Dogs bark
out the windows and kids drum basketballs
on pavement that's heard it all before.
Yet just a few blocks from home
we discover the exotic:
DRAGON MEETS PHOENIX!

In Hung Fat's Chinese Palace

the poultry is PARADISE CHICKEN.
I am enveloped in the scent of ginger,
the promise that whatever we ask for,
it will arrive to fill our needs.

We dip into BUDDHA'S DELIGHT,
pass it around. We're each of us delighted,
together here on a good day, not one of us
sick or angry or failing to measure up.
The young folks giggle when they ask
for PU PU PLATTER; they're too old
for toilet talk, but here it is allowed.

So briefly they return to the crib,
suck their fingers and grin at each other.
And I do get carried away,
flashing back to their first summers,
when they were fresh in their skins
and so sweet, from their pink,
translucent ears to their sticky,
starfish hands, right down to their
LITTLE JUICY STEAMED BUNS.

PIERCED

AMONG THE HALF-GROWN

From the road, only the bricks and buses
show, but what I know is a boisterous
building, its energetic ebb and flow.
I enter its babble and blarney, gregarious
stop and go, am greeted by a fabulous

fluster of feet, all elegant expense,
shuffling by or stomping out the beat
of *Look at Me, See Me, Me!*
My heart belongs with the half-grown,
these awkward adolescents, the quick

and the slow. You can keep your corporate
quarters, sterile suites, spreadsheets
slipping toward the floor, numbers moaning
More, Give me more. I am blessed
by a boggle of backpacks, sweet hopes

hovering in every class and corridor.
Here the songs we know by heart
are Earnest Effort and Lame Excuse.
Even as we sort and stack, schedule,
badger and exhort each mother's child,

we tend each other too, honoring
what is divinely human. We try
to establish order, but what's the use?
Here, laughter laps at our feet,
always about to let loose.

ANTHONY AFTER SCHOOL

After the stink bomb,
I told him I thought
he was a good boy, but

when someone brought paint bombs to school,
splattering the walls neon green and yellow,
like geckos running wild
in the tired hallways,
he was right there.

When someone lined up fake turds
near a fat girl's chair
so the girl turned red and cried,
I knew she would never forget that day,
and he was right there.

When there was shoving in the hallway,
voices rising like an angry wind,
the clattering of someone's bones
banging up against a locker,
once again, he was right there.

A certain reputation starts to form,
I warned this wisp of a boy,
it perches on the shoulder like a crow
that won't leave. When trouble
flaps its heavy wings,
squawking, people glance his way.

I meant to tell him I believe
in the possibilities his life still holds, despite

a beginning sad as threadbare socks.
I meant to give him something he could cradle
in his arms, hope, maybe, but

I talked only of failure, how people look at him
and think, *It's that boy's fault.*
While Anthony listened politely, I noticed
his soft hair, parted neatly down the middle,
how it settled like wings along his forehead.

SEIZURE

Melissa, pale whisper of a girl,
tries to hold lightning in her mind.
Sometimes it escapes.
Standing at the science room sink,
she lifts her hands, shifts
into another world.

O hum and flash,
insistent buzz,
like a horde of locusts
it descends uninvited, leaving
her lost, bewildered.

Darkness scoops her up,
stuffs her in its envelope;
she crashes to the floor.
Lightning, that secret shadow
sibling, flashes within,
tries to shoot out her fingernails,
her eyelids, tries to open
her mouth, zip out into the room
of staring children,
give a little science lesson
on flash, on wild,
on the unknown forces
we hide within.

Later Melissa sits propped up, in no mood
for lessons, pale, bleary,
held prisoner by some dream
still murmuring a story

in a language hard to understand.
When the nurse calls her mother
to come get the child,
she is told how inconvenient
it is to have a child like that.

After the other children leave,
after she waits awhile longer,
Melissa trails her mother down the hall,
wordlessly watching her sneakers
move her away,
except for that pause,
that little moment when her eyes
dart toward mine, little lizards,
quick, green, bright.

LOST, LEFT BEHIND, DISCARDED

We sit in student chairs
at the parent-teacher meeting.
He's her first-born.
Nevertheless, she's cautious.
The other two aren't like this,
she says. *They never*
give me any trouble.

In her plastic chair,
this mother stirs, clears her throat.
It's my cue.
I must tell her
He's failing every subject.
He gazes out the window,
drops his pencil, forgets his books,
loses every paper
before it's half-begun...

And after he leaves the class,
I discover the little gifts
he's left behind: a plastic frog,
drawing of an alien,
last week's science quiz,
the words SEE ME!
marked at the top in red.

I watch her face dissolve.
It becomes tissue paper
someone's crumpled up,
tried vainly to smooth over,
save.

I look away, recalling
her son's generous smile,
the way he greets each day,
no grudges, no groans...
Such a nice boy,
I try to tell her. *Really,*
he's a very nice boy.
But where's the test to measure that?
In this school it doesn't count.

Her hands tremble just a little
as we go on to review
all the things we have tried.
Finally our words roll
over the flat surface of the desk,
tumble off the edge
and land in a little heap on the floor,
like scraps ripped
from a spiral notebook,
discarded.

ANOTHER SCHOOL SHOOTING

I was tired
of the old news
hot breath of bullies
stink of disappointment
from parents from teachers
gray faces and eyes that looked
past me or squinted
small bumps of disapproval
tying their brows together
like I was a stain
they had tried to rub out
sit down they told me quiet down
they told me take out the trash
and set it down that's what you're
good for I'll show
you trouble butt out
geeky boy nobody knows
or wants
if eyes would stop darting
away if they would just rest
on me if hearts
would open but when my own
unclosed I tore I ripped I
was shredded paper
rolling down the street
tumbling away dizzy small
discarded the heat
of California stomped
its boot on me while
sleek red cars zipped by
perfect teeth glittered

like traps in mouths that opened
and shut opened and shut
clacked all around me
and I was a gnat a slight itch
brushed aside
brushed aside brushed
aside my mother
lived in another state
her voice long distance
fading from my life
and I was a whisper
they called me slight
slight a whisper
who wanted to shout
bust some heads
break out
become someone else's news.

PIERCED

Wrapped in leather cuffs,
studded metal, spikes, bangles,
tarnished, tough resistance,
the girl's battling for her life.

She won't go gently into goodness,
naked in tender skin.
She'll grind compliance to dust,
swallow her terror and slay

the ghost of that tragic saint, the one
sanded down lean, smooth,
very nearly perfect,
her beautiful moaning mother.

She arms herself with blackness,
with chains, with eyes that stab like daggers.
She'll be everything her mother hates,
if that's what it takes

to drag herself out from the burden
of becoming someone else's dream.
Her mother's left clutching at a rag,
polishing her grief to turn it pretty

as the girl flaps off into her own
darkness, righteous and terrified.
The wind screams a cold welcome,
pulls her into its deep embrace.

GIVE ME TOMORROW

"They were in their 20's but might have been 100. In answer to my idiot question, 'If I were God, what would you want for Christmas,' one tried to answer and failed until, looking into that unpromising sky, he said, 'Give me tomorrow.' "
                    –David Douglas Duncan
                    about American soldiers in the Korean War.

Their documents insist: eighteen,
twenty, twenty-four.
But soldiers are ageless.
Once introduced to death, they drop
their ages like quarters
into parking meters,
into machines that tumble clothes,
rinsing evidence away.

Dirt smudges their faces
the way blood soaks into the ground
and remains, a darker dirt
glistening in the pale light of moon.
Their eyes burn
with a bright darkness,
collapsed stars
in the voids of their faces.

Like fireworks, fear blossoms
so often they hardly notice
after the first deafening booms.
Smoke spiders crawl after them
into ditches, into dreams.

Sometimes they hear nothing

but a single high, keening note
which tries to drown out memory.
When they hear screaming,
they clamp their lips shut.
They try to become stones.

On orders, they go forward,
they retreat. They carry
letters folded over their hearts,
maps to an innocent country.

Although today
forced them to remember hell,
to recognize hell, to believe
in hell, the only thing they ask for
is tomorrow. The sky
promises nothing, yet they pray:
Give me tomorrow.

STOPPING
TRAFFIC

IOWA PIG ARTIST

after a painting by Adolf Dehn: "Iowa
Pig Artist Ignores Angel of Inspiration"

The pig artist knew
his pigs. He knew
the beauty of dirt,
which is the source
of all things good
and the destination
of us all. The bodacious
beauty of his pigs
so moved him

he found honor
in his labor to preserve
in paint their bountiful
haunches, their smooth,
sloping flesh. No reclining nude
seemed more voluptuous
to him. And how poignant
the delicate, leaf-shaped
ears of his hogs, the
afterthoughts of their small
curved tails, and the thin,

coarse hairs that lay so neatly
against marbled skin,
which was pink, spotted,
whorled with tones of gray
soft as every new dawn.
Their snouts, blunt and lively,

how they snuffed in and out,
inhaling the pleasures
of earth, farm aromas
so powerful, so ripe.
Their snouts led them forward
into bliss, where they lived
full-bodied, close
to the humble earth.

If only he could show others that!
Earnestly the pig artist
wallowed in his paint.
For him, divinity
was a brawny thing.
He saw it before him
in the dirt, in the flesh.

PRESENT AND IN AWE

*"I think this is how we are supposed to be
in the world– present and in awe."*
                                    –Anne Lamott

When the moose appears,
rising suddenly and silently before you,
you gaze dumbstruck into its eyes
where its soul flickers and flares
briefly toward your own.

The only sound
is the sound of a moose chewing
and you are amazed all over again
at the huge beast rising
out of tall blond grass and small dying trees
and scrub partly covered with lichen.

His shoulders rise and rise into a hump
which he must carry
and there is that great rack
of antlers, a burden he has earned
with age and maturity.
Under his chin a long, triangular flap of skin
sways slightly as he walks.

It reminds you
of a Jewish scholar walking slowly
through the world
with his long curls swaying,
apart from the ordinary,
the buzz-cut, rowdy crowds.

Now into the silence of this place
a woodpecker comes knocking
and the moose wanders off,
but not far, not far. You watch
as he lowers himself into tall grass
till only his head and antlers appear
above the earth's long hair.

He is becoming one
with the dark trunks of stunted trees
in the deepening warmth
of an early August morning.
The moose is alive on the earth today,

fully present in it.
It was the same yesterday
and tomorrow doesn't exist.
At first this seems an incredible way to live,
but then
it becomes the answer.

THE WEIGHT OF BUTTERFLIES

Ignoring all rules, the world's unlikely miracles
surround us at each turn, and yet again we turn
to find unbearable losses dropping, silent
and stonelike, into the pools of our lives. We yearn

to make sense of it all, search for the secret code.
So we invent stories, call them scientific facts,
name them history, arrange the mysteries
we endure into poetry or religious tracts.

In Mexico, a story is repeated every year
when monarch butterflies return.
The earth turns and the sky becomes a river
of orange and black, forests churn

with the amazing clamor of fragile wings.
Sturdy pine branches bend down
to the ground, heavy with the weight
of butterflies. How can they bear such a crown

of shimmering beauty? Like millions
of autumn leaves, monarchs flutter and weave
between trees and the soft, receiving earth.
What drew them here? What made them leave

the places of their birth? It's All Souls Day
when the monarchs arrive, and the story
people tell, in that voice they use to pray,
is that the souls of dead children, leaving glory

behind for awhile, are traveling between

two worlds, swimming through air
to remind us that although nothing precious stays,
its eloquence remains, beautiful and rare.

ODE TO SKUNK CABBAGES

Here in the little swamp,
long-forgotten,
brown boggy ground
on the edge of a park,
something's stirring.
There's a thin smell of rot,
soil heaving itself up
from that lost place
where old snow
slumbered quietly
for months.

Skunk cabbages have taken over.
If I tried to stomp them out,
these ravishing cabbages
of early spring, these wild
wishes of a great unruly child,
they'd raise a holy stink.

It's a festival,
plants going wild,
voluptuous floozies
that dazzle with their
great, gorgeous greenness,
their odor of the body, their huge
blossoming, frank unfurling.
They are flourishing their giant,
heart-shaped leaves
and I am falling in love
with the earth again, with
my own life in it.

GIANT BLOB OF SLIMY FLESH REMAINS
UNIDENTIFIED

from a news account, July 2, 2003

Something dead washed up along the shore,
something huge, something greasy, something gray.
It's nothing anyone's ever seen before,
yet it's something everyone knows.

On a beach in Chile, something forty feet long,
something slimy, something lumpy,
something dead washed up along the shore
and there it squats, toad-like, dank and dense.

In Florida one hundred years ago, something like it
was found. Teams of horses tried to heave it away,
teams of men tried to hack it into pieces.
But they couldn't undo it. People whispered,

Something dead washed up along the shore.
Sir Walter Scott wrote about a fleshy mass,
gigantic, appearing out of nowhere in the Hebrides.
It was monstrous, it was thick with the ocean's odor.

In Scott's story, this muck of flesh foreshadowed death,
the loss of a powerful Scottish chief. And at the end
mourners gathered, passing their grief around,
recalling something that had washed up along the shore,

something huge, something greasy, something gray,
like the thing Spanish explorers reported finding
in New Guinea, late in the 1600's. It was larger than

their ship, and beginning to rot along the shore.

Shaking rattles at it, masked dancers sang
haunting songs to the spirits that had sent it.
Birds wheeled overhead, crying out, refusing to land.
Clouds rumbled and darkness came early that day.

Something dead washed up along the shore.
And in the wild, salty brine of our hearts
we know we carry something like it,
something huge, something greasy, something gray.

RARE ALBINO TIGER ESCAPES

The Baptist Church Choir of Queens,
New York gathered for a picnic
in Forest Park that day. Potato salad,
pickles, hot dogs, beans

were spread before them and like drinks
in glasses tipping over, laugher spilled
out everywhere. Its music mixed
with gossip and the clinkety-clink

of ice cubes in tall cups of lemonade.
Two small girls, bright as pinwheels,
turned cartwheels in the noonday sun.
Gossiping in the shade,

their grandmas never knew
that a mile away, or maybe two,
at the Coleman Brothers Circus,
mayhem switched its tail, trotted through

a crowd. Forest Park contained
no hint of trouble. Not till the preacher
stood up straight to gape at some
strange vision he could not explain

did Anna Washington sense
a visitation. And then with Sunday
fervor, though it was Saturday,
Cassandra Jones tensed,

clutched her flowery breast

and called out *Oh my Lord.*
Harold, look there!
My Lord, my Lord. And blessed

if it wasn't a tiger strolling past,
400 pounds of rippling grace,
white as an Easter lily, his whiskers
lit by the sun. Slowly he lashed

his tail from side to side.
To protect his small son, a man held
his red plastic Frisbee in front of the boy,
and Anna's jaw dropped, her mouth wide

open, as the tiger continued on his way.
Three clowns, awful in their painted grins,
awkward floppy shoes, jogged through
the chittering crowd. Then into the fray

a trainer dashed, waving some sort of stick
and yelling *Stop! Stop!*
as if he could magic the beast
into submission. But the tiger had tricks

of his own. He vanished for awhile,
appearing finally on the hill's
other side, where he roared or yawned
and lay down in a pile

of burnished leaves beneath a tree.
Anna Washington felt something
then, began to sing. *Hallelujah...*
Hal-le-loo-ooh-jah! Oh, it was something to see,

six police officers, guns held high,
surrounding a beast magnificent
in its indifference. At a distance
the officers stood, eyeing

one another, trying to imagine what to do.
Police have no special training
on how to deal with tigers,
the captain explained. *Few*

guidelines exist. If wild beauty strays
into an ordinary city park, how should
the law intervene? Only Anna Washington
had the sense to sing that day.

THE GREAT CIRCUS FIRE
HARTFORD, JULY 6, 1944

*167 people, 67 of them children, died
in or as a result of the circus fire.*

The air in Hartford is thick
as grief, heavy and hot. Still,
people stream into the Big Top,
looking for a holiday from war.
Vendors roam the aisles,
hawking colas, paper fans.
It's only going to get hotter!
they predict, pocketing their coins.

Then the elephants, the patriotic band,
a dozen clowns, all checks and polka dots,
bow ties, floppy shoes. Oh, the laughter
and relief of a day off, something special
to do with the kids. Forget the news
of casualties overseas, the war;
feel instead the thrill of fierce jungle cats
this close, tails twitching, paws batting at air.
Reluctantly, savage beasts obey
a slender woman.

Now The Flying Walendas
take to the air. How many wish
they could swing out
of their lives that way, graceful
and glittering, light as the notes of a song?

Detective Beckwith sees it first,
not the guy he's looking for,

skipping out on parole, but a small lick
of flame, no bigger, at first,
than a cone of cotton candy.
And he's silent, hoping the crowd
won't notice, won't panic
before the circus fellas put it out.
As surely they will.
He has every confidence they will.

Now the flame is the size
of a clown's big shoe,
the size of a folding chair,
a tiger's cage, a ticket booth.
People are turning to look.
They wait for direction.
It will be taken care of.
This is the Greatest Show on Earth,
where Flying Walendas
balance mid-air.

Stars and Stripes Forever,
the band begins to play, a cue
to circus folk that something
serious has gone wrong. The crowd,
a sudden wave, surges
toward narrow exits, they want out
of this nightmare. Like so many
dreams, it's going fast, up in smoke.
A woman stumbles and is trampled,
a child slips and is crushed.

Like sizzling miniature bombs
embers drop hissing and hot
around the trainer, Kovar,

as she drives her panthers into the chute
and out. The last cat turns
toward her, snarling. Scraps
of flaming canvas fall,
like the animal's thin veneer
of docility.

The tent curls up in flames
as the panther's snarling lips turn back
to reveal a force that's ancient,
hungry for blood. Yet somehow
she gets the last panther in,
slams the door of the chute just
as the grandstand railing collapses.

People fall from the sky, their screams
lost in the uproar. A child crashes
onto the animal chute, his arm dangles
between the bars and a cat claws at it,
roars, and rips. Kovar scrambles
onto the chute, grabs the child,
heaves him to safety. Her eyes
burning, her face smudged with soot,
her costume torn, one arm scorched
and bubbling, Kovar has never
been so gorgeous.

A boy fallen from above
crawls under the bleachers to escape
the stampede. In the flickering darkness
of his refuge he discovers a crying baby,
picks it up along with his courage
and squeezes somehow through the crowd
and out. A barefoot woman sits

on the ground outside, bawling for her baby.
A father rushes over and takes
the infant to her. But no parents
rush in to take this boy in their arms.
He watches, dazed, as a sad-faced clown
rushes by, water sloshing from his buckets.
This is no act. There will be
no more laughter today.

AFTER SEPTEMBER 11th

All week, death gripping their hearts,
Americans have staggered forward.
Now they step carefully, avoiding body parts
witnessed only on the news.

In the streets the glances they risk are thin
and they are hardly surprised by the terrible
eyes of strangers and of kin,
flames leaping from the darkness within.

The words they can't say turn to ash,
blow away. A pair of brown birds
releases their perch in air, flashes
by and turns into a man and a woman

holding hands, slowly falling
through space, through smoke
and screams, through clouds of appalling
ruin toward blessed extinction.

Now doubting their innocent wishes,
Americans set their tables with lost hopes,
eat grief and stack the dishes,
which suddenly contort,

steel towers disintegrating into the sink.
We stumble to bed, lie there
like the uncounted dead, unblinking,
wondering where this will end,

when this will drop like a stone

into history's deep, forgiving waters, or curl
at the edges of memory like something known
once ages ago, packed away in a dusty attic trunk.

COWS STOP TRAFFIC IN
WEST HARTFORD, CONNECTICUT

1

I walk into the center
of my small, proud city
and find it crowded with cows.
Not ordinary cows,
but cows painted by hilarious hippies.
Three business execs have loosened
their ties, a woman is walking barefoot
across the middle of the street as cars honk,
drivers drop their cell phones and stare.
Little kids are yelling *Yippee!* tugging
the hands of their grannies, rushing to touch
and pat and climb all over the cows, the marvelous,
hand-painted cows, which have jumped
over the moon and landed right here.

2

One cow burns
with purpose. She has soared
through the cosmos and now in red mask,
a cape flying out behind her like a flag
in a Fourth of July boom bang parade,
she leaps back into the air.
I'm not kidding, she looks magnificent,
heroic and calm, smiling her Mona Lisa smile
even as she starts to soar.
Her udders are beach ball round
and she is totally unembarrassed

by her own fullness. That cow
could nourish the world.

3

Near Town Hall a red-haired cow
patiently switches her tail as the exhaust fumes
of buses drift her way. Her long painted
eyelashes slowly sweep air. I have always
admired the lashes of cows, so extravagant, so soft,
like ferns or old-fashioned lacy fans. And I love
the large eyes of cows, which seem incapable
of malice. On this cow's wide blue flanks a field
of flowers opens its bright petals. This cow
has looked in shop windows, admired
the scenery of brick and mortar.
Now she wonders where one can find
a nice bed of clover. It's time to sink
to the center of the clatter, find silence.

4

Near the hobby shop in town, a psychedelic
cow is kneeling, resplendent in swirls, spots,
crazy curls of color. Eyeballs gaze out
from her ears and from over her nose.
They blink slowly on her generous haunches.
One bent front leg is leafy green, patches
of sunlight showing through, and the other
is leopard-spotted in magenta, puce and black.
Vines and bark and forest creatures
travel along her body while she chews
and quietly stares from many eyes.

5

Here on Farmington Avenue a sky-blue cow
covered with sixteen giant maple leaves
is standing on stacks of pancakes.
The rest of the maple has turned
to syrup, which slowly soaks
the pancakes. This cow wears leaves
large as pumpkins and they are red, gold,
green and orange, like autumn.
A small child kneels at the cow's feet,
trying to taste the pancakes
and I want to kneel there too,
in praise of mad cows, in praise
of autumn and pancakes and all
the absurd delights that land here among us.

AFTERWORD

Certain questions follow me around. What does it mean to be human? If people are the ones capable of self-consciousness, then why is it we seem to be so much more distant from our true selves than animals are? What is the essence of civilization, of wilderness? How do the artificial and the natural affect each other?

As a parent and a teacher, I have often wondered about the process of raising children, the process of civilizing them. Are we taking the animal from them in order to make them into acceptable human beings? Are we teaching them to forget or distrust what is instinctive, or are we helping them find their better selves, develop their amazing potential? That wildness we train out of people, what is its danger, what is its brilliance?

Nature itself, how beautiful it is, and how indifferent. When people, self-conscious and intelligent, are cruel to each other, is this worse than the random violence of nature? Anyone who observes the world, who takes a look at the news, must wonder how it is that horrifying cruelty and great kindness coexist in the modern world. For surely they do.

I am fascinated by the intersection of nature and civilization, the tension between them, like the force between two poles of a magnet. So much of my writing turns out to be about these themes. Each poem is really a question. I haven't yet found the answers.

Photo by Cindy Stewart

Ginny Lowe Connors' poetry has appeared in many journals and anthologies. In 2001 she was awarded first prize in the Atlanta Review's International Poetry Competition. Connors, a teacher in West Hartford, Connecticut, was named "Poet of the Year" by the New England Association of Teachers of English in the fall of 2003. She is the editor of three poetry anthologies, the most recent being *Proposing on the Brooklyn Bridge: Poems About Marriage* (Grayson Books, 2003).

For notes
adding to your enjoyment of
Barbarians in the Kitchen
see the seminar page
of the Antrim House website:
www.antrimhousebooks.com

To order
Antrim House titles
contact the publisher at

Antrim House
P.O. Box 111
Tariffville, CT 06081
860-217-0023
www.antrimhousebooks.com
eds@antrimhousebooks.com

Reflexiones de 3:16, *el versículo*

«Recuerdo vivamente que una noche caminé hacia el púlpito de una iglesia, sin que me lo pidieran mis padres, y me arrodillé en el humilde altar. Allí, en medio de lágrimas, entregué mi corazón a Jesús. Tenía tres años de edad. Ese momento resultó ser el más resaltante de toda mi vida. El "todo el que" de Juan 3.16 incluyó hasta un niño pequeñito. ¡Alabado sea el Señor!»

—Dr. James Dobson, fundador de Enfoque en la Familia

«Para mí, Juan 3.16 es el fundamento básico de mi fe. A causa del amor de Dios, Él dio, y a causa del amor de Dios, soy salva para siempre».

—CeCe Winans, artista de la música gospel

«Ahí lo tenemos, en blanco y negro. Tan simple y sencillo como 1+1=2. Porque tanto amó Dios al mundo, que dio a su Hijo unigénito, para que todo el que cree en él NO se pierda, sino que tenga vida eterna. No hay más qué decir. La entrada es gratis».

—Delilah, presentadora radial

«Este es el primer versículo que aprendí cuando era niña, y cambió mi vida. Para la mayoría de niños de diez años, estas eran palabras para recitar delante de mamá y hacer sonreír a papá. Para mí eran un faro en las tinieblas, una promesa concreta cuando todo lo demás parecía falso, y una esperanza que no podía ser extinguida. Después de más de cuarenta años, me envuelvo con la verdad de estas palabras todos los días mientras busco a aquellos que están totalmente perdidos, traicionados y desesperanzados. Toda la literatura del mundo no puede competir con el tesoro que hay en estas palabras».

—Sheila Walsh, autora de *God Has a Dream for Your Life* [Dios tiene un sueño para tu vida]

«*Todos* podemos soportar bastante dolor y sufrimiento, y experiencias comunes que indican que "la vida no es justa" cuando sabemos quién nos *ama*, y lo increíble e incomprensible que es el *gozo* que nos espera».

—Michael Blanton, agente de artistas

«La gran necesidad produce gran fe. Yo he visto ambas. 3:16 trae vida y fe a un mundo que se muere de esperanza. Que acojamos su mensaje de una manera nueva».

—Obispo John K. Rucyahana, obispo anglicano de la diócesis de Shyira en Ruanda y autor de *The Bishop of Rwanda* [El obispo de Ruanda]

«Juan 3.16 es el fundamento de mi fe. Una representación del amor inmerecido, incondicional e inquebrantable de un Padre por sus hijos».

—Ernie Johnson, comentarista deportivo de TNT/TBS

«Cuando era niño solía abrazar una botella de caucho con agua caliente en la cama por la noche para protegerme del aire frío del frígido mar irlandés. ¡Qué comodidad! Me despertaba mojado, frío y abatido. La botella de caucho con agua caliente se había desvanecido. Lentamente se había deteriorado, desintegrado de manera imperceptible y al final de cuentas no servía para nada. ¡Había perecido! Eso también le puede pasar a los seres humanos —y de tal manera amó Dios al mundo, que nos dio a Jesús para que no perezcamos sino tengamos vida eterna».

—Stuart Briscoe, autor de *What Works When Life Doesn't*
[Qué funciona cuando la vida no]

«Me encanta Juan 3.16 porque es el evangelio en unas cuantas palabras. Comunica el gran amor de Dios por nosotros y nuestra gran necesidad de él».

—Mac Powell, primera voz del grupo Third Day

«Hay cientos de versículos en las Escrituras que son de gran importancia para mí. Pero este es el versículo más importante de la Biblia».

—John Smoltz, lanzador de los Atlanta Braves

«Esta es la promesa que brinda esperanza al desesperanzado. Cuando finalmente nos damos cuenta que: "No puedo hacer esto por mi propia cuenta", esta es la respuesta del Padre: "Yo lo sé, por eso es que lo hice por ti"».

—Jeff Foxworthy, comediante

«Juan 3.16 es el monte Everest de los pasajes bíblicos de la Palabra de Dios. En este grandioso versículo, vemos la declaración más sublime de la teología ya que presenta la naturaleza de Dios como un Dios que ama profundamente. Representa la genialidad del estudio de la salvación al mostrar cómo Dios planificó rescatar a la humanidad por medio del regalo de Su Hijo, Jesús. Juan 3.16 resume la naturaleza de Dios, el plan de Dios y el propósito de Dios».

—Frank S. Page, presidente de la Convención Bautista del Sur

«Cuando tenía veinte años, era evidente que me estaba deshaciendo mental y emocionalmente. Requirió la desgarradora experiencia de vivir con la sensación enfermiza de angustia al estar en lugares abiertos, antes de considerar el amor mediador de Dios y entregar mi corazón a Cristo. 3:16 es el lugar innegable donde se refugia mi sensatez, resguardo y seguridad eterna».

—Patsy Clairmont, autora de *Dancing Bones* [Huesos bailarines]

«El amor de Dios no es un mero sentimiento, sino algo que Él demostró de manera tangible. Dios nos ofrece el regalo de la vida eterna. Para recibir un regalo, uno debe extender la mano para aceptarlo, y luego abrirlo».

—Greg Laurie, pastor y evangelista

«Juan 3.16. ¡Qué Escritura tan asombrosa! —Dios nos amó aun cuando no nos hacíamos querer. Él extendió su mano hacia nosotros cuando no se nos podía alcanzar. Aun sabiendo que le fallaríamos, negaríamos y rechazaríamos este amor incondicional, Él dio... ¡incondicionalmente!»

—Don Moen, cantante y compositor

«Dios dio a su hijo como pago por nuestros pecados, los pecados de todos —el pago fue tan horrible como uno se lo podría imaginar. Además del dolor físico, experimentar la separación de su Padre fue un dolor que no se puede describir. Pero Jesús soportó esto por nosotros para que pudiéramos disfrutar la vida eterna».

—Ned Yost, gerente del equipo Milwaukee Brewers

«Sin esperanza, el miedo a la muerte es abrumador. Pero como cristianos, el versículo de la Biblia, Juan 3.16, nos asegura que hay vida eterna —y esta promesa por sí sola nos debe dar esperanza a todos a la hora de morir».

—Kenneth Cooper, doctor en medicina

Reflexiones de 3:16, *el libro*

«Lucado investiga a profundidad uno de los pasajes bíblicos más famosos y citados con más frecuencia —Juan 3.16. Primero lo sitúa dentro del contexto bíblico como parte de la conversación entre Jesús y Nicodemo. Luego examina minuciosamente las palabras de esta promesa frase por frase, haciendo destacar ideas teológicas clave que proveen esperanza para los cristianos. ¿Qué significa eso de que "tanto amó Dios al mundo"? ¿Qué debemos hacer para obtener vida eterna? Haciendo uso de su característico estilo campechano, Lucado utiliza historias fabulosas e ilustraciones de la vida real para hacer entender enseñanzas del amor, la justicia y la determinación de Dios para salvar».

—*Publishers Weekly*

«Max nos trajo humor y encanto en *Hermie y Wormie*. Ahora nos brinda fe y sabiduría».

—Tim Conway, actor

«¡Mi amigo Max Lucado lo hizo otra vez! Tomó el pasaje bíblico más amado, desenvolvió sus verdades más profundas y reveló la expresión más grande del amor de Dios. El mensaje de esperanza de *3:16* le mostrará lo mucho que usted le interesa a Dios. Esta es una lectura obligatoria para todos».

—Rick Warren, pastor de la iglesia Saddleback Church y
autor del libro *Una vida con propósito*

«Yo me derrito por una historia simple de amor. ¿Quiere saber por qué rayos está en este planeta? ¿Quiere saber cómo amar de veras? Lea este libro. Max ha tomado el versículo más importante (y sencillo) de la Biblia y lo ha examinado minuciosamente para nosotros los que necesitamos que las cosas sean sencillas».

—Rick Perry, gobernador de Texas

«El mensaje de Juan 3.16 se encuentra en el propio centro de nuestra adoración. La historia aún inspira —del gran amor de Dios nace el gran sacrificio. En *3:16*, Max renueva una de las verdades más antiguas y profundas de nuestra fe. No puedo evitar cantar, gritar y bailar con el corazón agradecido y humilde cuando pienso en lo que Dios ha hecho por mí y toda la humanidad. ¡Qué grandioso es nuestro Dios!»

—Chris Tomlin, cantante y compositor

«Sea que esté probando el cristianismo o que haya ganado experiencia en el púlpito, *3:16* promete ampliar su panorama y aumentar su entendimiento de la promesa más fundamental y transformadora de Dios —la promesa de vida eterna».

—Ed Young, pastor de la iglesia Fellowship Church y autor de *Outrageous,
Contagious Joy* [Gozo graciosísimo y contagiante]

«Max Lucado hace que palabras, y ahora números, cobren nueva vida. La verdad en 3:16 cambia la vida, y nadie lo hace más relevante para el día de hoy y persuasivo para el futuro que nuestro amigo Max».

—Mary Graham, presidente de Women of Faith

«Uno de los autores favoritos de Estados Unidos nos ayuda a ver esta piedra preciosa desde una variedad de ángulos, cada uno de los cuales trae más iluminación a una verdad inagotable».

—Tony Campolo, doctor y profesor de sociología
en Eastern University

LOS
NÚMEROS
DE LA
ESPERANZA

LOS
NÚMEROS
DE LA
ESPERANZA

MAX LUCADO

GRUPO NELSON
Una división de Thomas Nelson Publishers
Desde 1798

NASHVILLE   DALLAS   MÉXICO DF.   RÍO DE JANEIRO   BEIJING

Título en inglés: *3:16*
© 2007 por Max Lucado
Publicado por Thomas Nelson, Inc.

Traducción: *John Bernal*
Tipografía: *Grupo Nivel Uno, Inc.*

ISBN-10: 1-60255-067-0
ISBN-13: 978-1-60255-067-4

Con orgullo tan profundo y potente como la
corriente del golfo,
Denalyn y yo dedicamos este libro
a nuestra hija Sara en su cumpleaños número dieciocho.
Si recibes la mitad del gozo que nos has dado,
vas a resplandecer el resto de tu vida.
Te amamos.

CONTENIDO

RECONOCIMIENTOS

Me permito dar las gracias a ciertas personas que ayudaron a convertir este libro en lo que es.

Liz Heaney y Karen Hill fueron, como siempre, editoras idóneas que aplicaron su bisturí con la precisión de un cirujano, pero también su bálsamo emoliente.

Steve y Cheryl Green fueron pastores incansables de estas ideas y supervisaron el ajetreado proceso de publicación.

Carol «la sabueso» Bartley no dejó un solo error sin corregir.

Susan y Greg Ligon así como todo el equipo de Thomas Nelson fueron el Fort Knox de la creatividad.

Dave Drury contribuyó con muchas observaciones y sugerencias útiles.

David Treat ofreció tantas horas en intercesión que llegó hasta el cielo.

El equipo UpWords, que nos hace más fácil la vida a todos.

La iglesia de Oak Hills ha tolerado mis enseñanzas durante dos décadas y ha perdonado mis carencias y defectos. Estoy agradecido con cada uno de ustedes.

Jenna, Andrea y Sara. ¿Qué papá se merece unas hijas tan espléndidas? (Vuelvan al nido cuando quieran.)

Denalyn, estoy confundido. Pensé que nuestra luna de miel iba a durar diez días. Válgame, han pasado veinticinco años ¡y aquí seguimos celebrando! ¿Cuándo planeaste esta aventura?

Una oración final al Dador de todas las palabras. Gracias infinitas, amado Rey. Por favor convence a los lectores de estas palabras que lo mejor de la vida está por llegar.

1

LA CONVERSACIÓN MÁS FAMOSA DE LA BIBLIA

Él espera la llegada de las sombras. La oscuridad proveerá el encubrimiento que desea. Por eso se asegura primero de que caiga la noche. Se sienta a tomar té de hojas de olivo junto a la ventana en el segundo piso de su casa, para ver la puesta del sol y tomarse su tiempo. Jerusalén es un encanto a esta hora. La luz del sol pinta las calles empedradas, matiza de oro las casas blancas y embellece la silueta del macizo templo.

Nicodemo divisa la inmensa plazoleta que refulge al otro lado de los tejados. La había recorrido en la mañana y lo hará de nuevo al día siguiente. Se reunirá con dirigentes religiosos para hacer lo que hacen los dirigentes religiosos: Hablar de Dios. Discutir acerca de cómo alcanzar a Dios, agradar a Dios, apaciguar a Dios.

Dios.

Los fariseos conversan acerca de Dios, y Nicodemo se sienta entre ellos. Para debatir. Para descifrar enigmas. Para resolver dilemas. *Para amarrarse las sandalias en el día de reposo. Para mantener zánganos. Para divorciarse de sus esposas. Para deshonrar a padre y madre.*

¿Qué es lo que Dios dice? Nicodemo lo necesita saber. Es su trabajo. Es un hombre santo que dirige a hombres santos. Su nombre aparece en la exclusiva lista de los eruditos de la Torá. Ha dedicado su vida a la ley y ocupa uno de los setenta y un escaños de la corte suprema de los judíos. Tiene credenciales, influencia y preguntas.

Preguntas para este galileo que inspira a las multitudes. Este maestro improvisado y sin diplomas que se las arregla para atraer a la gente. Que tiene tiempo de sobra para los pobres y la clase media pero casi nada para el clero y la clase alta. Expulsa demonios, dicen unos; perdona pecados, afirman otros; purifica templos, a Nicodemo no le cabe la menor duda pues vio a Jesús en el pórtico de Salomón.[1]

Se percató de la furia. Vio el látigo doblado y las tórtolas que salieron volando. «En mi casa nadie se va a engordar los bolsillos», declaró Jesús con firmeza. Mientras el polvo se asentaba y las monedas paraban de rodar, los negociantes clericales le sacaron el pasado judicial. El hombre de Nazaret no se ganó el favor de nadie aquel día en el templo.

Por eso Nicodemo va de noche. Sus colegas no pueden enterarse del encuentro. No lo entenderían y él no puede arriesgarse. Cuando las sombras envuelven la ciudad, sale a la calle y recorre las calles adoquinadas sin ser visto. Pasa junto a los encargados de encender las lámparas de las plazas y toma un sendero que llega a la puerta de una casa humilde. Jesús y sus seguidores se están quedando allí, según le informaron. Nicodemo golpea la puerta.

El bullicioso recinto queda en completo silencio apenas entra. Los hombres son pescadores y recaudadores de impuestos que no están habituados al ámbito intelectual de un erudito. Se reacomodan en sus asientos y Jesús mueve la mano para indicarle al visitante que tome asiento. Nicodemo lo hace e inicia la conversación más famosa de la Biblia: «Rabí —le dijo—, sabemos que eres un maestro que ha venido de parte de Dios, porque nadie podría hacer las señales que tú haces si Dios no estuviera con él» (Jn 3:2).

Nicodemo empieza con «lo que sabe». *He hecho mis averiguaciones*, es lo que implica. *Estoy impresionado con tu labor.*

Aquí quedamos a la expectativa de un saludo con tono similar por parte de Jesús: «Yo también he oído de ti, Nicodemo». Esperamos, tanto como Nicodemo esperaba, una charla amena y cordial.

De eso no se trata. Jesús no hace mención del puesto distinguido de Nicodemo, de sus buenas intenciones ni de sus méritos académicos, no porque fueran inexistentes sino porque en la lógica de Jesús, no vienen al caso. Él simplemente hace esta declaración: «De cierto, de cierto te digo, que el que no naciere de nuevo, no puede ver el reino de Dios» (v. 3, RVR 1960).

He aquí la división continental de las Escrituras, el meridiano de Greenwich de la fe. Nicodemo está a un lado, Jesús al otro, y Cristo señala sus diferencias sin rodeos.

Nicodemo habita en el país de los esfuerzos nobles, los gestos sinceros y el trabajo arduo. Dale a Dios lo mejor de ti, reza su filosofía, y Dios hará el resto.

¿Cuál es la respuesta de Jesús? Lo mejor de ti no basta. Tus obras no funcionan. Tus mejores esfuerzos carecen de valor. A no ser que nazcas de nuevo, ni siquiera puedes ver qué se propone hacer Dios.

Nicodemo titubea, en representación de todos nosotros. ¿Nacer de nuevo? «¿Cómo puede un hombre nacer siendo viejo?» (v. 4, RVR 1960). Debes estar bromeando. ¿Poner la vida en reversa? ¿Rebobinar la cinta? ¿Volver al mero comienzo? Nadie puede nacer de nuevo.

Pero eso sí, nos encantaría hacerlo. Empezar de cero. Intentarlo otra vez. Con tantos quebrantos de corazón y oportunidades perdidas. Que la vida fuera como un partido amistoso de golf, en el que se puede repetir la salida en el primer hoyo. ¿Quién no quisiera un segundo chance? Pero ¿quién haría posible algo así? Nicodemo se rasca el mentón y se ríe. «Sí claro, van a llamar a un viejo como yo de vuelta a la sala de parto».

Jesús no le halla el chiste. «De cierto, de cierto te digo, que el que no naciere de agua y del Espíritu, no puede entrar en el reino de Dios» (v. 5, RVR 1960). En ese momento el viento hace que unas hojas entren por la puerta aún entreabierta. Jesús levanta una del piso y la muestra. El poder de Dios obra como el viento, explica Jesús. Los corazones que nacen de nuevo son nacidos del cielo. Nadie puede obtener esto con desearlo, ganárselo o crearlo. ¿Nacer de nuevo? Es algo inconcebible. Dios es el único que puede hacer tal cosa, de principio a fin.

Nicodemo mira a los prosélitos alrededor suyo. Las expresiones inertes de sus rostros hacen evidente que quedaron igualmente lelos.

El viejo Nico no tiene un gancho en el que pueda colgar tales pensamientos. Él habla el idioma de «ayúdate a ti mismo», en cambio Jesús habla y de hecho introduce un lenguaje diferente. Uno que no consiste en las obras de los hombres y las mujeres, sino en la obra hecha por Dios.

Nacido de nuevo. Por definición, el nacimiento es un acto pasivo. El bebé que está en el vientre materno no contribuye en absoluto al parto. Las celebraciones posparto aplauden la labor de la madre. Nadie admira los esfuerzos del infante. («¿Cómo te las arreglaste para salir, pequeño?») Al angelito hay que ponerle un chupo, no una medalla. La mamá se merece la de oro. Ella es quien hace fuerza. Ella es la que puja, agoniza y pare.

Cuando mi sobrina alumbró a su primer hijo, invitó a su hermano y su mamá a hacerse presentes. Después de ser testigo de tres horas de pujos y dolor, cuando el bebé por fin asomó la cabeza, mi sobrino se dio la vuelta y le dijo a su mamá: «Perdóname por todas las veces que fui grosero contigo».

La madre paga el precio del nacimiento. Ella no cuenta con la asistencia del bebé ni le pide consejos. ¿Por qué haría algo así? El bebé ni siquiera puede respirar sin su conexión umbilical, mucho menos abrirse paso a una nueva vida. Jesús establece en este pasaje que nosotros tampoco podemos. Renacer espiritualmente requiere un progenitor capaz, no una progenie capaz.

¿Y quién es este progenitor? Examine la expresión *de nuevo* que se selecciona estratégicamente en el texto. La lengua griega ofrece dos alternativas:[2]

1. *Palin,* que significa la repetición de un acto; volver a hacer lo que se hizo anteriormente.[3]

2. *Anothen,* que también ilustra una acción reiterada pero requiere la fuente original para su repetición. Significa «de arriba, de un lugar más alto, las cosas que provienen del cielo o de Dios».[4] En otras palabras, el que hizo la obra por primera vez vuelve a hacerla. Esta es la palabra que Jesús usa.

La diferencia entre ambos términos es la diferencia entre un cuadro pintado por da Vinci y uno pintado por mí. Suponga que usted y yo estamos en el Louvre admirando la famosa *Mona Lisa*. Inspirado por la obra maestra, yo saco pincel y lienzo y anuncio: «Voy a pintar de nuevo este hermoso retrato».

¡Y lo logro! Ahí mismo en la *Salle des États* empuño mis pinceles y mezclo mis colores y rehago la *Mona Lisa*. Ay de mí, Lucado no es Leonardo. La señorita Lisa presenta ciertas tendencias al estilo Picasso, con la nariz torcida y un ojo más arriba que el otro. No obstante, cumplo técnicamente lo prometido y pinto la *Mona Lisa otra vez*.

Jesús se refiere a algo distinto. Él emplea el segundo término griego que requiere la acción de la fuente original. La expresión *anothen*, aplicada a la situación en la galería parisiense, requeriría nada más y nada menos que la presencia del mismísimo da Vinci. *Anothen* excluye:

Réplicas contemporáneas.

Homenajes de segunda generación.

Imitaciones bien intencionadas.

Aquel que lo hizo primero debe hacerlo de nuevo. El creador original rehace su creación. Este es el acto que Jesús describe.

> *Nacer: Dios realiza el esfuerzo.*
> *De nuevo: Dios restaura la belleza.*

La idea no es *intentarlo* de nuevo. No necesitamos el músculo del ego sino la intervención milagrosa de Dios.

La idea entumece a Nicodemo. «¿Cómo es posible que esto suceda?» (v. 9). Jesús responde mostrándole el diamante de esperanza más grande de la Biblia.

> *Porque tanto amó*
> *Dios al mundo,*
> *que dio a su Hijo unigénito,*

para que todo el que cree en él
no se pierda, sino que tenga
vida eterna.

Estas veintiocho palabras arman un desfile de esperanza que empieza con Dios y termina en la vida, instándonos a todos a hacer lo mismo. Tan conciso que puede escribirse en una servilleta o memorizarse en un minuto, pero tan sólido que aguanta dos mil años de tormentas y preguntas. Si usted no sabe nada de la Biblia, empiece aquí. Si se sabe todo en la Biblia, vuelva aquí. Todos necesitamos recordarlo. El corazón del problema humano es el corazón del humano. Y el tratamiento está formulado en Juan 3:16.

Él ama.

Él dio.

Nosotros creemos.

Y vivimos.

Estas palabras son a las Escrituras lo que el río Mississippi es a Estados Unidos, el acceso directo al corazón de la patria. Bien sea que las creamos o las descartemos, que las acojamos o las rechacemos, cualquier consideración seria de Cristo debe incluirlas. ¿Acaso un historiador británico pasaría por alto la Carta Magna? ¿O un egiptólogo la piedra de Rosetta? ¿Podría usted meditar en las palabras de Cristo y nunca ahondar en Juan 3:16?

Este versículo es un alfabeto de la gracia, una tabla de contenido de la esperanza cristiana, y cada palabra es un cofre de joyas. Léalo otra vez, lentamente y en voz alta; anote la palabra que más le llame la atención. «Porque tanto amó Dios al mundo, que dio a su Hijo unigénito, para que todo el que cree en él no se pierda, sino que tenga vida eterna».

«Tanto *amó* Dios al mundo...» Esperaríamos a un Dios atizado por la ira. Uno que castiga al mundo, recicla al mundo, abandona al mundo... pero ¿un Dios que ama al mundo?

¿El *mundo*? ¿Este mundo? Rompecorazones, ladrones de esperanzas y extintores de sueños transitan por todo el orbe. Dictadores que se imponen. Explotadores que causan dolor. Reverendos que se creen dignos del título. Pero Dios ama. Además, ama tanto al mundo que dio sus:

¿Declaraciones?

¿Reglas?

¿Dictados?

¿Edictos?

No. La afirmación de Juan 3:16 que aquieta el corazón, desdobla el alma y lo define todo para todos es esta: *Dios dio a su hijo... su único hijo*. No ideas abstractas, sino la divinidad envuelta en humanidad. Las Escrituras igualan a Jesús con Dios. Por ende, Dios se dio a sí mismo. ¿Y para qué? «Para que *todo el que* cree en él no se pierda».

A Juan Newton, que le puso música a la fe con «Sublime gracia», le encantó esta expresión que rompe barreras. Él dijo: «Si leyera "Porque tanto amó Dios al mundo, que dio a su Hijo unigénito, para que cuando Juan Newton creyera, tuviera vida eterna", yo me preguntaría si acaso se refiere a algún otro Juan Newton; pero "todo el que cree" incluye a este Juan Newton y también al otro Juan Newton, y a todos los demás seres humanos, sin importar cuál sea su nombre».[5]

Todo... una palabra universal.

Por otro lado, *no se pierda* es una expresión muy seria. Nos gustaría poder diluirla si acaso no borrarla. No así Jesús. Él clava avisos de No Entren en cada centímetro cuadrado de la puerta del diablo y dice a los que se empecinan en ir al infierno que lo tendrán que hacer sobre su cadáver. Aun así, algunas almas porfiadas insisten.

Al final, unos perecen y otros viven. ¿Qué marca la diferencia? Ni obras ni talentos, pedigríes ni posesiones. Nicodemo los tenía por montones. La diferencia la determina lo que creamos. «El que *cree* en él no se pierda, sino que tenga vida eterna».

Los traductores de la Biblia en las islas Nuevas Hébrides tuvieron dificultad para traducir el verbo *creer*. Fue un problema serio, ya que tanto la palabra como el concepto son esenciales para las Escrituras.

Cierto traductor bíblico llamado Juan G. Paton encontró una solución mientras se fue de cacería con un hombre de la tribu. Ambos cazaron un gran venado y se lo llevaron amarrado a un travesaño por un sendero angosto y empinado en la montaña que conducía a la casa de Paton. Cuando llegaron a la veranda, los dos hombres soltaron la carga y se dejaron caer sobre los sillones de la entrada. Al hacerlo, el nativo exclamó en el idioma de su pueblo: «Qué bueno poder estirarnos aquí y descansar». Paton se fue de inmediato a traer papel y lápiz para escribir la frase.

Como resultado, su traducción final de Juan 3:16 quedó así: «Porque Dios amó tanto al mundo, que dio a su único Hijo, para que todo aquel que se estire sobre Él no perezca, sino que tenga vida eterna».[6]

Estirarse sobre Cristo y descansar.

Martín Lutero lo hizo. Cuando el gran reformador fallecía, unos dolores de cabeza severos lo dejaron postrado en cama y muy adolorido. Alguien le ofreció un brebaje para aliviar el sufrimiento, pero él rehusó con esta explicación: «Mi mejor receta para la cabeza y el corazón es que *Dios amó tanto al mundo, que dio a su Hijo unigénito, para que todo aquel que en Él crea no se pierda, mas tenga vida eterna*».[7]

La mejor receta para la cabeza y el corazón. ¿Quién no se beneficiaría de una buena dosis? Al final de todo, Nicodemo se tomó la suya. Cuando Jesús fue crucificado, el teólogo se apareció junto a José de Arimatea. Ambos dieron sus respetos y se encargaron de la sepultura de Jesús. El gesto no pasó inadvertido, en vista de la fuerte oposición a Cristo en aquel tiempo. Cuando llegó a oídos de la gente que Jesús no estaba en la tumba sino vivo, ¿se imagina la sonrisa de Nicodemo al acordarse de aquella famosa charla que inició a altas horas de la noche?

¿Qué tal, nacer de nuevo? ¿Quién habría pensado que él sería uno de los primeros?

2

Nadie como Él

«Porque tanto amó *Dios* al mundo...»

Si tan solo pudiera hablar con el piloto. Treinta segundos bastarían. Cara a cara. Una simple explicación. Al fin y al cabo, él fue quien nos mandó a salir de su avión a mi esposa y a mí.

No que se lo reprochara. Denalyn había adquirido algo más que recuerdos de viaje en Hong Kong. Sentía tantas náuseas que tuve que transportarla en silla de ruedas por el aeropuerto. Se desplomó en su asiento y puso una almohada entre su cabeza y la ventanilla, mientras le prometí dejarla en paz durante el vuelo de catorce horas.

Mi meta era simple: Montar a Denalyn en el avión.

El personal de la aerolínea tenía la meta opuesta: Sacar a Denalyn del avión.

El temor de ellos fue culpa mía. Cuando una azafata preguntó por la condición de mi esposa, puse a temblar el fuselaje con mi respuesta: «Es sólo un virus». Los asistentes de vuelo rodearon nuestros asientos como policías en la escena del crimen. En ninguna conferencia presidencial de prensa se han hecho tantas preguntas a la vez.

«¿Cuánto tiempo lleva enferma?»

«¿Ya la examinó un doctor?»

«¿No pensaron en volverse nadando?»

Le resté importancia a la condición de Denalyn. «Dennos una bolsita para el mareo y no se preocupen por nosotros». Todos perdieron el sentido del humor. Según parece, los clientes con virus compiten con los terroristas por el título de «Pasajero más indeseable». La palabra virus llegó a oídos del piloto, que dio su veredicto: «Fuera de mi avión».

«Tienen que salir», nos informó escuetamente su asistente con la cortesía de un guardaespaldas.

«¿Manda decir quién?»

«El piloto».

Me estiré para ver si el capitán estaba al final del corredor, pero la puerta de la cabina estaba cerrada. *Cobarde*. Si tan solo pudiera hablarle, presentarle mi lado del asunto. No merecíamos ser deportados. Pagamos nuestros impuestos, votamos en las elecciones, damos propina en los restaurantes. Quería presentar mi caso, pero el hombre al mando no estaba disponible para apelaciones. Tenía un 747 que volar, siete mil millas que navegar y... ni un minuto para nosotros.

Contados minutos después Denalyn y yo estábamos de vuelta en el muelle, descorazonados y haciendo planes para pasar una noche más en China. Mientras un representante de la aerolínea hacía una lista con números telefónicos de hoteles, vi que el avión empezaba a alejarse. Me acerqué a una ventana para tratar de ver la cara del misterioso aviador. Moví los brazos y gesticulé mi petición: «¿Podemos hablar?» El piloto nunca se detuvo. Nunca le vi la cara. (A propósito, si está leyendo estas palabras, dama o caballero, ¿podríamos hablar un minuto?)

¿Puede identificarse conmigo? Tal vez tenga sentimientos similares en cuanto al piloto del universo. Dios: El comandante en jefe que está demasiado ocupado para atenderle, el capitán de rasgos imprecisos que impone decisiones no negociables. Su universo marcha como un Rolls-Royce, pero los pasajeros mareados nunca aparecen en su pantalla de radar. Peor todavía, usted sospecha que la silla del capitán está vacante. ¿Cómo sabemos si una mano tiene asegurados firmemente los controles? ¿Podemos dar por sentada la presencia de un piloto tras la puerta blindada?

Cristo interviene decididamente en esta coyuntura. Él acompaña a los pasajeros a la cabina del piloto, oprime el código 3:16 en el teclado y abre la puerta a Dios. Ningún versículo de la Biblia expresa mejor su esencia. (Deberíamos mandarlo a la Real Academia de la Lengua.) Cada palabra del pasaje explica la cuarta: «Porque tanto amó *Dios* al mundo...»

Jesús da por sentado lo que declaran las Escrituras: *Dios existe.*

Si necesita pruebas, aléjese de las luces citadinas en una noche despejada y levante la mirada al cielo. Esa banda borrosa de luz blanca es nuestra galaxia, la Vía Láctea. Cien mil millones de estrellas.[1] Como si fuera poco, ¡nuestra galaxia es una entre miles de millones![2] ¿Quién puede concebir un universo así, para no hablar de un número infinito de universos?

Nadie puede. Pero intentémoslo de todas formas. Supongamos que usted se propone llegar al sol. Un vendedor de autos le ofrece el negocio del año con un vehículo espacial que funciona con energía solar y recorre un promedio de 200 km por hora. Usted se monta, eleva la plataforma y sale disparado al espacio. Si viaja veinticuatro horas al día, 365 días al año sin hacer paradas, ¿sabe cuánto durará su viaje al sol? ¡Setenta años! Suponga ahora que después de estirar las piernas y disfrutar el sol un rato, prepara su nave para el próximo destino, la estrella más brillante del sistema estelar más cercano, Alfa Centauro. Le recomiendo llevar provisiones y despejar su agenda, pues tardará 15 millones de años en llegar.[3]

Digamos que usted consigue una nave más rápida que le transporte por nuestro sistema solar a 900 km por hora. En 16 días y medio llegará a la luna, en 17 años pasará el sol y en 690 años puede disfrutar una cena en Plutón. Después de siete siglos ni siquiera ha recorrido nuestro sistema solar, mucho menos nuestra galaxia.[4]

Nuestro universo es el misionero preeminente de Dios. «Los cielos cuentan la gloria de Dios» (Sal 19:1). Una casa supone un constructor, un cuadro sugiere un pintor. ¿Acaso las estrellas no apuntan a su Hacedor? ¿Y la creación no implica un Creador? «Los cielos anunciaron su justicia» (Sal 97:6, RVR 1960). Mire arriba de usted.

Ahora mire dentro de usted. ¿Cómo distingue entre el bien y el mal? Considere su propio código ético. Aun desde la niñez usted sabía que era malo lastimar a las personas y era bueno ayudarlas. ¿Quién se lo dijo? ¿Quién lo define? ¿Qué polo magnético mueve la aguja en el compás de su conciencia aparte de Dios?

Usted no es el único que tiene principios. Las virtudes comunes nos relacionan a todos. Todas las culturas reprochan el egoísmo y celebran la valentía, castigan la deshonestidad y recompensan la nobleza. Hasta los caníbales poseen una justicia rudimentaria al abstenerse de comer a sus hijos.[5] Existe un criterio universal. Así como un programador conecta las computadoras con los protocolos y programas comunes, existe un código común que conecta a las personas. Nosotros podemos violar o ignorar el código, pero no negarlo. Incluso aquellos que nunca han oído el nombre de Dios sienten su ley por dentro. «Éstos muestran que llevan escrito en el corazón lo que la ley exige, como lo atestigua su conciencia, pues sus propios pensamientos algunas veces los acusan y otras veces los excusan» (Ro 2:15). Cuando los ateos condenan la injusticia, pueden dar gracias a Dios por la capacidad de discernirla. La conciencia es la huella digital de Dios y es otra prueba de su existencia.

Los cielos arriba y el código moral adentro constituyen evidencias de un piloto en la cabina. Alguien ha puesto a volar este avión, y no fue ninguno de nosotros. Hay un piloto, y no se parece a nadie que hayamos visto.

«¿Con quién compararán a Dios? ¿Con qué imagen lo representarán?» es la invitación del profeta (Is 40:18). Realmente, ¿con quién? Si Él «ni se deja servir por manos humanas, como si necesitara de algo» (Hch 17:25). Usted y yo empezamos nuestros días necesitados. Por pura necesidad salimos de nuestras camas todos los días. Dios no. Él no depende de nada ni de nadie, pues no fue creado y se sustenta a sí mismo. Nunca ha tomado una siesta o un descanso. No necesita comida, consejos ni médicos. «El Padre tiene vida en sí mismo» (Jn 5:26). La vida es a Dios lo que la humedad es al agua y el aire al viento. Él no vive solamente, sino que es la vida misma. Dios existe, sin ayuda de nadie.

Por esa razón, Dios siempre es. «Antes que naciesen los montes y formases la tierra y el mundo, desde el siglo y hasta el siglo, tú eres Dios» (Sal 90:2, RVR 1960).

Dios nunca empezó y nunca cesará. Él existe sin principio ni fin, para siempre. «¡Tan grande es Dios que no lo conocemos! ¡Incontable es el número de sus años!» (Job 36:26).

De todas maneras, tratemos de contarlos. Que cada grano de arena desde el Sahara hasta la Florida represente mil millones de años de la existencia de Dios. Si pudiéramos contarlos todos y multiplicarlos por mil millones, Dios diría al final de nuestros cálculos: «Ese número no representa ni una fracción de mi existencia».

Él es «el Dios eterno» (Ro 16:26). Él inventó el tiempo y es dueño de la patente. «Tuyo es el día, tuya también la noche» (Sal 74:16). Él era una realidad antes del universo mismo, y cuando el primer ángel se hizo presente Dios ya había existido desde siempre.

Lo más impresionante de todo es que Dios nunca se ha equivocado. Ni una sola vez. el profeta Isaías describió su visión momentánea de Dios. Vio seis ángeles alados que siendo libres de pecado, se tuvieron que cubrir en presencia de Dios. Dos alas cubrían los ojos, otras dos cubrían los pies y con las otras se mantenían en el aire. Esta es la frase que se decían entre sí: «Santo, santo, santo, Jehová de los ejércitos» (Is 6:3, RVR 1960).

Dios es santo. En cada decisión, exacto. Cada palabra, apropiada. Nunca se extralimita ni se sobrepasa. Ni siquiera es susceptible de cometer error alguno: «Dios no puede ser tentado por el mal» (Stg 1:13).

En resumen: Dios no tiene necesidades, ni edad, ni pecado. Con razón dijo: «Yo soy Dios, y no hay nadie igual a mí» (Is 46:9).

Pero, ¿qué significa para nosotros la grandeza de Dios? Cuando Isaías la vio se deshizo: «¡Ay de mí! que soy muerto» (Is 6:5, RVR 1960). Los pilotos profesionales expulsan a la gente enferma de sus aviones. Dios con todo su poder podría hacer lo mismo. ¿No debería intimidarnos la inmensidad de su universo? Esa fue la experiencia de Carl Sagan. Tras una vida entera estudiando los cielos el astrónomo llegó a esta conclusión:

«Nuestro planeta es un grano solitario en la oscuridad cósmica que nos rodea. Nuestra nimiedad en toda esta vastedad no nos deja ver alguna pista de alguien que venga de otra parte a ayudarnos a salvarnos de nosotros mismos».[6]

Su pesimismo es comprensible. En la cabina de mando está Dios, que no tiene necesidades, edad ni pecado. Agarrado a un asiento en la parte trasera está Max, que depende de hamburguesas para vivir y está medio dormido. Comparado con Dios, tengo la expectativa de vida de un mosquito. ¿Y libre de pecado? No puedo mantener un pensamiento santo durante dos minutos. ¿Será buena noticia la grandeza de Dios? No sin dos palabras clave en Juan 3:16: «Porque *tanto amó* Dios al mundo».

Medite en el significado de esas palabras. Aquel que sustenta el universo anhela nuestros corazones. Aquel que le formó está a su favor. Un poder insuperable atizado por un amor inagotable. «Si Dios está de nuestra parte, ¿quién puede estar en contra nuestra?» (Ro 8:31).

Dios hace por usted lo que el padre de Bill Tucker hizo por él. Bill tenía dieciséis años cuando su padre tuvo quebrantos de salud que lo obligaron a dejar su negocio. Incluso después de su recuperación, la familia Tucker tuvo grandes dificultades económicas.

Siendo un tipo empresarial, el señor Tucker tuvo una idea. Se ganó un contrato para remodelar los asientos de una sala de cine, lo cual tomó a la familia por sorpresa pues nunca había cosido un asiento. Ni siquiera tenía una máquina de coser, pero encontró a alguien que le enseñó el oficio y consiguió maquinaria industrial. La familia tuvo que rebuscarse hasta el último centavo para comprarla. Agotaron sus cuentas de ahorros y sacaron monedas de los muebles hasta reunir el dinero.

Fue un día bonito cuando Bill acompañó a su papá a recoger el equipo. Bill recuerda un viaje jovial de una hora en el que hablaron de un futuro nuevo con la oportunidad que tenían entre manos. Subieron la máquina a la camioneta y la aseguraron al chasis. El señor Tucker invitó a su hijo a conducir de vuelta a casa, y ahora voy a dejar que Bill cuente lo que pasó:

«Íbamos muy emocionados viajando por la carretera y yo, como cualquier conductor de dieciséis años, no me fijé mucho en la velocidad. Cuando pasamos una curva para entrar a la autopista, jamás olvidaré cómo aquella cosedora industrial tan pesada empezó a ladearse. Pisé los frenos pero ya era demasiado tarde. La máquina se cayó y yo salí corriendo para ver derrumbada nuestra esperanza y nuestros sueños despedazados. Me fijé de inmediato en mi papá mirando lo sucedido. Todo lo que arriesgó y todos sus esfuerzos, todas sus luchas y todos sus sueños, la esperanza que albergaba de sostener a su familia, yacía en el suelo, rota en mil pedazos.

»Se imaginará lo que vino a continuación. "Este jovencito imbécil iba demasiado rápido, sin prestar atención, arruinó a la familia y nos quitó el único medio de supervivencia». Pero eso no es lo que él dijo. Mi papá me miró directo a los ojos y dijo:

"Oh Bill, lo siento mucho". Luego se acercó a mí, me abrazó y dijo en tono conmovedor: "Hijo, todo va a salir bien".[7]

Dios le susurra lo mismo. ¿Puede sentir su abrazo? Confíe en él. ¿Puede oír su voz? Créale. Déjese confortar por el único que tiene la última palabra en el universo. A veces uno siente que la vida se desmorona y parece irreparable, pero todo va a salir bien. ¿Cómo puede saberlo? Porque tanto amó *Dios* al mundo. Además,

Como no tiene necesidades, usted no puede cansarlo.

Como no tiene edad, usted no puede perderlo.

Como no tiene pecado, usted no puede corromperlo.

Si Dios puede hacer mil millones de galaxias, ¿no podrá hacer algo bueno de nuestros errores y darle sentido a nuestras vidas movedizas? Claro que sí puede. Él es Dios. Él no pilotea el avión solamente, también conoce a los pasajeros y tiene un lugar especial para los que están enfermos y listos para irse a casa.

3

ESPERANZA PARA LOS DE DURO CORAZÓN

«Porque tanto amó Dios *al mundo*...»

«Hoy vi a una mujer que se puso tan dura como la madera», escribió el médico francés Guy Patin en 1692, en la primera descripción clínica de la fibrodisplasia osificante progresiva o FOP. Sin darse cuenta, le presentó al mundo una extraña enfermedad que de manera lenta e irreversible convierte a sus víctimas en una masa sólida de hueso.

Los sistemas óseos sanos se mantienen unidos con ligamentos y tendones. Es algo que nos enseñan claramente los esqueletos que cuelgan en algunos salones de clase. Al quitar los tejidos conectores, toda la estructura cae al piso como un montón de huesos sueltos.

Por otro lado, la FOP endurece los tejidos suaves como músculos y tendones hasta convertir el cuerpo en una armadura de hueso.

Considere el caso de Nancy Sando, una víctima de FOP. Cuando tenía cinco años los doctores le diagnosticaron una masa en la nuca como cáncer terminal y le dieron tres meses de vida. Pero no murió ni le creció ningún tumor. Sus huesos fueron los que crecieron. Los doctores empezaron a sospechar que tenía la rara condición ósea. Al cumplir 35 años, el cuerpo de Nancy ya había quedado entumecido en una posición medio enderezada y torcida en la cintura. El cuello le quedó tieso, la mandíbula pegada y los codos trabados en ángulo recto.

Hay lesiones que desencadenan la condición. Un golpe o fractura puede causar una reacción exagerada de los huesos que los pone a crecer como cemento por todo el sistema. El patrón es predecible: El cuello y la columna dorsal son los primeros en solidificarse, seguidos por hombros, caderas y codos. Con el paso de los años, la enfermedad puede apoderarse del cuerpo entero, desde los dedos de los pies hasta el cráneo. El gen insurrecto de la FOP tiene un solo objetivo: Entumecer el cuerpo un poco más cada día.[1]

Por trágica que sea esta enfermedad, la Biblia describe otra aun peor. La calcificación, no de los huesos, sino de la voluntad.

«Ya me he dado cuenta de que éste es un pueblo terco» (Éx 32:9). Dios dijo estas palabras a Moisés en el Monte Sinaí. La deslealtad de los hebreos que adoraron al becerro pasmó a Dios. Él los había tratado a cuerpo de rey en su despliegue magnífico del éxodo, les permitió ver agua transformada en sangre y el mediodía en medianoche, el Mar Rojo en un tapete carmesí y al ejército egipcio en comida de pez. Dios les dio maná con el rocío de la mañana y codornices con la puesta del sol. Él se ganó su confianza. Los esclavos de antes fueron testigos de un milenio de milagros en cuestión de días.

A pesar de todo, cuando Dios llamó a Moisés a una reunión en la cumbre, el pueblo cayó presa del pánico cual pollitos sin gallina. «Fueron a reunirse con Aarón y le dijeron: Tienes que hacernos dioses que marchen al frente de nosotros, porque a ese Moisés que nos sacó de Egipto, ¡no sabemos qué pudo haberle pasado!» (Éx 32:1)

El escorbuto del temor los infectó a todos en el campamento. Se fabricaron un becerro metálico y se pusieron a hablarle. Dios, ofendido por aquel culto ridículo, ordenó a Moisés: «Baja… se han apartado del camino que les ordené seguir… Ya me he dado cuenta de que éste es un pueblo terco» (vv. 7-9).

¿Recuerda cómo se propaga la FOP en una reacción errática al dolor? Nuestros corazones se endurecen en una reacción malsana al temor. Note que la presencia de temor en los hebreos no fue lo que fastidió a Dios, sino su reacción a ese temor. Nada persuadió al pueblo para confiar en Él. Ni las plagas, ni la liberación de la esclavitud. Dios les iluminó el camino y les mandó comida del cielo, pero ellos seguían sin creerle. Nada se pudo abrir paso en sus corazones. Estaban hechos de piedra. Tiesos. El Monte Rushmore es más maleable, un yunque es más dúctil. El pueblo reaccionó tanto a Dios como la estatua de oro que adoraron.

A más de tres mil años de ocurrido, entendemos la frustración de Dios. ¿Acudir a una estatua? Qué tonto. ¿Enfrentar los temores mirando una vaca? ¡Qué insensato!

Nosotros optamos por terapias más sofisticadas: Comilonas para ensanchar la barriga o carreras de compras impulsivas. Nos inclinamos ante una botella de licor o nos embotamos en una semana laboral de ochenta horas. ¿Hemos progresado? Yo diría que no. Seguimos enfrentando nuestros temores sin darle la cara a Dios.

Él por su parte envía demostraciones de poder como el éxodo: Atardeceres, noches estrelladas, océanos insondables. Él resuelve problemas del tamaño del Mar Rojo y deja caer cargamentos de bendiciones celestiales cual maná matutino. Pero apenas surge una crisis, o Moisés desaparece un par de horas, quedamos inmersos en el caos total. En vez de acudir a Dios le damos la espalda y nuestro corazón se endurece. ¿El resultado? Necedades equivalentes a adorar una vaca.

Según el diagnóstico clínico del cielo:

[Los de corazón duro] tienen oscurecido el entendimiento y están alejados de la vida que proviene de Dios. Han perdido toda vergüenza, se han entregado a la inmoralidad, y no se sacian de cometer toda clase de actos indecentes (Ef 4:18-19).

Así se mide el pulso irregular de los que tienen el corazón endurecido:

- Viven con pensamientos frívolos

- Dominados por la ignorancia
- Entendimiento oscurecido
- Sin vergüenza
- Entregados a la inmoralidad
- Cometen toda clase de actos indecentes

Cualquier médico forense daría un diagnóstico más alentador. Con razón dicen las Escrituras: «El obstinado caerá en la desgracia» (Pr 28:14).

Y el asunto empeora. Un corazón duro y obstinado no arruina su vida únicamente sino la de sus familiares. Como ejemplo, Jesús identificó el corazón duro como la fuerza demoledora de un matrimonio. Cuando le preguntaron acerca del divorcio, Jesús dijo: «Moisés les permitió divorciarse de su esposa por lo obstinados que son... Pero no fue así desde el principio» (Mt 19:8). Cuando uno o ambos cónyuges en un matrimonio dejan de confiar en Dios para salvarlo, firman su certificado de defunción pues rechazan al único que puede ayudarles.

Mi asistente ejecutiva, Karen Hill, vio el resultado de tal obstinación en un potrero de vacas. Una de las vacas había metido las narices en un tarro de pintura y no se lo podía quitar. Las vacas con nariz enlatada no pueden respirar bien, ni ingerir agua y comida, ni se diga. Tanto la vaca como su ternero estaban en peligro.

La familia de Karen se dispuso a ayudar, pero cuando la vaca vio venir al equipo de rescate, se dio a la fuga. ¡Les tocó perseguir tres días a la famosa vaca enlatada! cada vez que se acercaban, la vaca salía corriendo. Al final tuvieron que arrinconarla con una camioneta y enlazarla para sacarla de su miserable aprieto.

¿Ha visto últimamente gente enlatada? ¿Almas desnutridas? ¿Corazones deshidratados? ¿Gente que no puede respirar hondo? Todo porque metieron sus narices donde no debían, y cuando Dios acudió al rescate se dieron a la fuga.

Cuando somos miles de millones lo que imitamos a la vaca, el resultado es caos total. Naciones repletas de gente terca como un toro que huyen de Dios se estrellan unos con otros en estampida. Nos escondemos, nos hambreamos y luchamos por sobrevivir.

La locura en pasta; enlatada. ¿No es así el mundo que vemos a diario? Es el mismo mundo que Dios ve.

Sí, este es el mundo que Dios ama. «Porque tanto amó Dios al mundo...» Este mundo con el corazón endurecido y cerviz erguida. Nos inclinamos ante vacas doradas y Él nos ama. Metemos las narices donde no debemos y Él sigue en pos de nosotros. Huimos del único que puede ayudar y Él no se da por vencido. Él ama. Él persigue. Él persiste. De vez en cuando, un corazón empieza a ablandarse.

Que el suyo sea uno de esos. Así es como sucede:

No olvide lo que Dios ha hecho por usted. Jesús realizó dos milagros de multiplicación del pan, en uno alimentó a cinco mil personas y en el otro a cuatro mil. Sin embargo sus discípulos, que fueron testigos de ambos banquetes, se preocuparon por la escasez de recursos. Jesús tuvo que amonestarlos: «¿Todavía no ven ni entienden? ¿Tienen la mente embotada? … ¿Acaso no recuerdan?» (Mc 8:17-18)

La mente olvidadiza endurece el corazón. Trate de llevar un inventario de las bendiciones de Dios. Declare junto a David: «Y te alabaré más y más. Mi boca publicará tu justicia y tus hechos de salvación todo el día, aunque no sé su número» (Sal 71:14-15, RVR 1960).

Catalogue las bondades de Dios. Medite en ellas. Él le ha alimentado y guiado de tal manera que se ha ganado su confianza. Recuerde lo que Dios ha hecho por usted. Además, *reconozca lo que ha hecho contra Dios.* «Si afirmamos que no hemos pecado, lo hacemos pasar por mentiroso y su palabra no habita en nosotros» (1 Jn 1:10).

Aferrarnos al pecado nos endurece. La confesión nos ablanda.

Cuando mis hijas eran pequeñas, les gustaba jugar con una masa de plastilina. Hacían figuras de todo tipo, pero cada vez que olvidaban ponerle la tapa al material, se ponía tieso y me lo traían para que las ayudara pues mis manos eran más grandes y mis dedos más fuertes. Yo podía amasar y moldear el material hasta dejarlo otra vez dócil y servible.

¿Está endurecido su corazón? Lléveselo a su Padre. Su tierno tratamiento está a una sola oración de distancia. Usted vive en un mundo duro, pero no tiene que vivir con un corazón curtido.

4

CUANDO LO SACAN
A UNO DE TAQUITO

«Porque tanto amó Dios al mundo…»

A Plutón lo sacaron de taquito, lo expulsaron de la nómina, lo bajaron de la titular. Según el dictamen de un comité de científicos reunidos en Praga, el distante planeta no cumple los requisitos de nuestro sistema solar y por eso lo pasaron a la categoría de asteroide, identificado en adelante como #134340.[1] Créame, Plutón no quedó contento. El otro día me lo encontré en un sitio popular de la constelación llamado la Fonda Sideral.

MAX: Cuéntame Plutón, ¿cómo te sientes con la decisión del comité?

PLUTÓN: ¿Te refieres a esos avaluadores de planetas de Praga?

MAX: Sí.

PLUTÓN: Pues yo digo que ningún planeta es perfecto. Marte parece un adicto a las cámaras de bronceado, Saturno tiene anillos estrafalarios y Júpiter se la pasa mostrando el trasero.

MAX: ¿Entonces no apruebas la decisión?

PLUTÓN: (*gruñe y abre un periódico*) ¿A quién se le ocurren esas reglas? *Demasiado pequeño. La luna no tiene el tamaño correcto. Su influjo es irrisorio.* ¿No saben lo difícil que es mantenerse en una pieza al borde del sistema solar? Creen que soy errático. A ver si pueden eludir los meteoritos que pasan a miles de kilómetros por hora durante un par de milenios, ya veremos a quién llaman planeta después de eso. Me voy de aquí. Ya capté el mensaje. Sé que nunca me han querido. Walt Disney se inspiró en mí para nombrar a un perro y los maestros siempre me ponen de último en los exámenes. Darth Vader me tiene más respeto. Voy a juntarme a alguna lluvia de meteoritos, dile al comité que mantengan los ojos abiertos de noche. Sé dónde viven.

No se le puede reprochar a Plutón el mal genio. Un día está en la lista y al otro lo sacan, ayer formaba parte del escuadrón y hoy no cuenta para nada. Podemos entender su frustración, algunos de nosotros demasiado bien. Sabemos lo que se siente ser sacados de taquito. Por ser del tamaño incorrecto. Por estar en el grupo equivocado. Por vivir en la zona menos prestigiosa.

Como a Plutón.

Jesús dirige la palabra central de Juan 3:16 a todos los destituidos y denigrados: «Porque tanto *amó* Dios al mundo...» *Amor.* La palabra que tanto desgaste ha sufrido por parte nuestra. Tan solo esta mañana la usé para describir mis sentimientos hacia mi esposa y también hacia la mantequilla de maní. No podría tratarse de emociones más dispares. Jamás le he propuesto matrimonio a un frasco de mantequilla de maní (aunque sí me puse uno sobre la pierna durante un programa de televisión). El uso excesivo de la palabra en el lenguaje cotidiano la ha difuminado tanto que casi tiene más fuerza una mosca.

Las variantes bíblicas retienen su apresto. Las Escrituras emplean toda una artillería de términos para el amor, cada uno calibrado para un blanco diferente. Considere el que Moisés usó con sus seguidores: «Él se encariñó con tus antepasados y los amó» (Dt 10:15).

Para nosotros es un pasaje conmovedor, pero fue un terremoto en el mundo de los hebreos. Esto es lo que oyeron: «El Señor se ata [*hasaq*] a su pueblo». *Hasaq* alude a un amor amarrado, un amor que se liga a algo o alguien.[2] Me hace pensar en aquella madre conectada por una correa al arnés que lleva puesto su niño inquieto de cinco años mientras van por el supermercado. (Yo pensaba que las correas eran una crueldad, hasta que me convertí en papá.) La correa cumple dos funciones, halar y reclamar. Se hala al niño para evitar que se meta en problemas, y al hacerlo uno declara: «Sí, podrá ser tan alocado como una cabra montés, pero es mío».

En este caso, Dios se encadenó a Israel. ¿Fue acaso porque el pueblo era tan digno de ser amado? No. «El SEÑOR se encariñó contigo y te eligió, aunque no eras el pueblo más numeroso sino el más insignificante de todos. Lo hizo porque te ama y quería cumplir su juramento a tus antepasados» (Dt 7:7-8). Dios ama a Israel y al resto de nosotros plutones porque elige hacerlo. «Es la clase de amor que no suelta su objeto».[3]

George Matheson aprendió a depender de este amor. Apenas era un adolescente cuando los doctores le dijeron que iba a quedar ciego. Sin dejarse apabullar, prosiguió en sus estudios y se graduó de la Universidad de Glasgow en 1861 a los diecinueve años. Cuando terminó sus estudios de postgrado en el seminario, ya era invidente.

Su prometida le devolvió el anillo de compromiso que le había dado con una nota: «No puedo ver mi destino con claridad atada con las cadenas del matrimonio a un hombre que no puede ver».

Matheson nunca se casó. Se adaptó a su mundo de ceguera pero nunca se recuperó de su corazón roto. Fue un pastor y poeta de gran presencia que inspiró a muchos con su vida, pero el dolor de aquel amor no correspondido salía otra vez a la superficie en ocasiones como el matrimonio de su hermana décadas más tarde. La ceremonia le trajo recuerdos del amor que había perdido, y tuvo que refugiarse en el amor inagotable de Dios para ser confortado. El 6 de junio de 1882, compuso el siguiente poema:

Oh, amor que no me dejará ir; en ti recuesto mi alma cansada; a ti devuelvo la vida que debo, al océano profundo de tu amor.[4]

Dios no le dejará ir. Él se ha esposado a usted por amor, y es el dueño de la única llave. Usted no necesita ganarse su amor. Ya lo tiene, y como no puede ganárselo, tampoco lo puede perder.

Considere la siguiente evidencia en este caso: El amor testarudo de Oseas por Gomer, una mujer irascible que tuvo la gran fortuna de casarse con un tipo como Oseas. Tenía la fidelidad de una liebre salvaje, coqueteando y saltando de un amante a otro sin pensarlo. Ella arruinó su vida y le partió el corazón a Oseas, que la encontró luego en una subasta de esclavos y decidió volver a redimirla en honor a su juramento nupcial. El amor con que la trató haría pensar a cualquiera que ella jamás había amado a otro hombre. Dios usó este caso de la vida real para ilustrar su propio amor constante por su pueblo tornadizo.

Me habló una vez más el SEÑOR, y me dijo:
«Ve y ama a esa mujer adúltera, que es amante de otro.
Ámala como ama el SEÑOR a los israelitas,
aunque se hayan vuelto a dioses ajenos».
(Os 3:1)

Este es el amor descrito en Juan 3:16. *Hasaq* corresponde al término griego *ágape*, cuyo significado es igualmente poderoso: «Tanto [*agapao*] Dios al mundo...»

Amor *ágape*. Más una decisión que cuestión de afecto, más una acción que un sentimiento. Como lo describe un lingüista: «El amor *ágape* es un ejercicio de la voluntad divina en elección deliberada sin causa atribuible aparte de la propia naturaleza de Dios».[5]

En otras palabras, los coches estrellados y los últimos modelos comparten el mismo espacio en el garaje de Dios.

Yo vi un fragmento de esa clase de amor entre una pareja de ancianos que llevan cincuenta años de casados. Durante la última década ella había sufrido trastornos mentales y el esposo hizo lo mejor que pudo para cuidarla en casa, pero su condición empeoró y tuvo que internarla en un asilo.

Un día me pidió que lo acompañara a visitarla. Su habitación estaba impecable, gracias a la diligencia del esposo. Ella estaba bañada y vestida, tendida sobre su cama sin tener a dónde ir.

«Llego a las 6:15 de la mañana», dijo con una sonrisa. «Creería que soy uno de los empleados. La alimento, la baño y me quedo con ella. Lo haré hasta que alguno de los dos muera». Amor *ágape*.

Conozco a un padre que por amor a su hijo pasa cada noche en una mecedora y nunca duerme más que un par de horas consecutivas. Un accidente automovilístico dejó paralizado al adolescente. Para mantenerle la circulación, tienen que hacerle terapia de masaje varias veces al día. De noche, el padre reemplaza a los terapeutas. Aunque trabaja todo el día y le toca hacerlo al día siguiente, programa la alarma para despertarse cada dos horas hasta amanecer.

También tenemos la historia que Dan Mazzeo cuenta acerca de su papá, un ítaloamericano de primera generación que luchaba con cáncer de hígado y pulmón en plena metástasis. Cuando los doctores le dieron menos de un año, él dijo que no tenía miedo de morir, ya que su esposa ya había fallecido y sus hijos estaban crecidos. Pero al enterarse que Dan iba a ser padre, se enderezó en su lecho y decidió: «Voy a ver al bebé de mi hijo».

La quimioterapia fue devastadora. Había días en los que apenas podía decir: «Hoy me fue mal» a quienes llamaban a preguntar. Pero cuando nació su nieta, insistió en ir al hospital. El viaje de noventa minutos fue una tortura. Dan lo llevó en silla de ruedas a la sala de maternidad. Los brazos del abuelo eran demasiado débiles y Dan tuvo que ayudarle a sostener el bebé, pero su papá hizo lo que había ido a hacer. Se inclinó, la besó y dijo: «Sheila Mary, tu abuelo te quiere mucho».

Al cabo de unos minutos, el abuelo cabeceó. En menos de una hora volvió al auto. En cuestión de días falleció.[6]

¿Qué es esta clase de amor que dura décadas, renuncia al sueño y resiste la muerte para dar un beso? Se llama *ágape*, el amor que más se parece al de Dios.

Se parece al amor de Dios, pero nunca es una copia exacta. Nuestro amor más sublime es una acuarela de preescolar junto al Rembrandt de Dios, un diente de león solitario junto a su jardín de rosas. El amor de Dios es como un árbol gigante y frondoso, mientras nuestros mejores intentos son como la hierba.

Quizás bañemos y arreglemos a una esposa demente, le demos masajes a un hijo o impartamos una bendición final, pero nuestro amor no se compara al amor de Dios. Mire la barriga de una campesina embarazada en Belén. Ahí adentro está Dios, el mismo Dios que puede sostener el universo en un dedo flota en el vientre de María. ¿Por qué? Por amor.

Asómese por la ventana del taller en Nazaret. ¿Ve a aquel muchacho que barre el aserrín del piso? Alguna vez barrió el espacio con estrellas. ¿Por qué cambió los cielos por una humilde carpintería? La única respuesta es: Amor.

El amor explica por qué vino.

El amor explica cómo lo soportó.

Fue expulsado por la gente de su pueblo. Su supuesto amigo lo traicionó. Los charlatanes llamaron hipócrita a Dios. Los pecadores llamaron culpable a Dios. ¿Acaso las hormigas se mofan de las águilas o los gusanos juzgan la belleza de un cisne? ¿Cómo soportó Jesús tal escarnio? «Porque tanto amó Dios...»

«Así como Cristo nos amó y se entregó por nosotros como ofrenda y sacrificio fragante para Dios» (Ef 5:2). Él no amó para obtener algo de nosotros sino para darse a nosotros por completo.

Nuestra bondad no puede ganarse el amor de Dios y nuestra maldad no puede perderlo, pero sí podemos resistirlo. Para ser honestos, tendemos a hacerlo. Como nos han hecho tanto lo que le hicieron a Plutón, tememos que Dios también nos vaya a sacar de taquito. Los rechazos nos vuelven melindrosos y volubles. Como mi perro Salty.

Ahora mismo está dormido en el sofá mientras escribo. Es un cascarrabias pero me cae bien. Hemos envejecido juntos durante los últimos quince años pero a él no le han sentado bien. Por naturaleza es flaco y huesudo, si no fuera por su pelambre con aspecto de papa salada, cualquiera pensaría que es un Chihuahua con bulimia. Los años le han quitado su energía, sus dientes, el oído y la visión a más de un metro.

Si uno le tira un bocado apetitoso, se queda mirando el piso a través de las cataratas. Es nervioso e irritable, gruñe antes de tiempo y se demora en confiar. Hace un rato me acerqué a acariciarlo y volteó la cabeza. De todas maneras lo acaricio, sé que no puede ver bien y me pregunto cuán oscuro se habrá vuelto su mundo.

Nos parecemos mucho a Salty. Yo creo que la mayoría de las personas que desafían y niegan a Dios lo hacen más por temor que por convicción. Con todos nuestros despliegues de bravura y brío, somos una estirpe ansiosa. No podemos ver un solo paso más allá del presente inmediato, no podemos oír la voz de nuestro dueño. Con razón tratamos de morder la mano que nos alimenta.

Pero Dios estira la mano y nos toca. Nos habla a través de la inmensidad de las planicies rusas y la densidad de las selvas amazónicas. En el toque de un médico en África, en una taza de arroz en India. En una venia japonesa y en un abrazo suramericano. Hasta se sabe que ha tocado a personas por medio de párrafos como los que usted está leyendo. Si le está tocando, déjelo.

Cuente con ello: Dios le ama con un amor extraordinario y extraterrestre que usted no puede ganarse con méritos ni perder con descréditos. Eso sí, tal vez esté lo bastante ciego como para resistirlo.

No lo resista. Por lo más sagrado. Por su propio bien. No lo resista.

La idea es que podamos «comprender, junto con todos los santos, cuán ancho y largo, alto y profundo es el amor de Cristo; en fin, que [conozcamos] ese amor que sobrepasa nuestro conocimiento, para que [seamos] llenos de la plenitud de Dios» (Ef 3:18-19). El mundo le baja de categoría. Dios le reclama como suyo. Escuche la voz definitiva del universo que le dice: «Todavía eres parte de mi plan».

5

EL UNIGÉNITO Y EL ÚNICO

«...que dio a *su Hijo unigénito*...»

Dos de nuestras tres hijas nacieron en la zona sur de Río de Janeiro, Brasil. Vivíamos en la zona norte, separados del consultorio de nuestro doctor y del hospital por una cordillera perforada por un túnel. Durante los meses de embarazo de Denalyn, hicimos ese recorrido con frecuencia.

Pero no nos quejábamos. Hay señales de vida con todo y samba en cada esquina. Copacabana y sus bañistas. Ipanema y sus cafeterías. Gavea y su glamour. Nunca nos molestó ir a la zona sur pero eso sí, nos perdimos más de una vez. Para empezar, no soy bueno para orientarme ni siquiera dentro de mi propia casa, y si a eso le añadimos calles de trescientos años sin nomenclatura, estoy perdido y sin remedio.

Excepto por mi única salvación: Jesús. Literalmente. La estatua del Cristo Redentor que monta guardia sobre la ciudad, con treinta y siete metros de altura y brazos abiertos de unos treinta metros. Más de mil toneladas de concreto reforzado. La sola cabeza mide tres metros de mentón a frente. A unos 700 metros sobre el nivel del mar, en la cima del monte Corcovado, el Jesús elevado siempre está visible, sobre todo para los que lo buscan. Como yo me la pasaba perdido, siempre miraba la estatua. Como un marinero busca la tierra, yo buscaba la estatua por entre los postes de electricidad y los techos a fin de reconocer el rostro familiar. Tan pronto lo veía, me sentía ubicado y seguro.

Juan 3:16 le ofrece una promesa idéntica. El versículo eleva a Cristo a las alturas y le corona con el título más exclusivo del universo: «Hijo unigénito».

La palabra griega que se traduce «unigénito» es *monogenes*,[1] un adjetivo compuesto por *monos* («único») y *genes* («especie, raza, familia, descendencia, estirpe»). Cuando se usa en la Biblia, «unigénito» casi siempre describe una relación padre-hijo. Lucas lo emplea para identificar al hijo de la viuda: «...hijo único de madre viuda» (Lc 7:12). El escritor de Hebreos declara que «Abraham... ofreció a Isaac, su hijo único» (11:17).

Juan incorpora cinco veces la frase y en cada caso resalta la relación sin paralelo entre Jesús y Dios:

1. Y el Verbo se hizo hombre y habitó entre nosotros. Y hemos contemplado su gloria, la gloria que corresponde al Hijo *unigénito* del Padre, lleno de gracia y de verdad (Jn 1:14).

2. A Dios nadie lo ha visto nunca; el Hijo *unigénito*, que es Dios y que vive en unión íntima con el Padre, nos lo ha dado a conocer (Jn 1:18).

3. Porque tanto amó Dios al mundo, que dio a su Hijo *unigénito* (Jn 3:16).

4. «El que cree en él no es condenado, pero el que no cree ya está condenado por no haber creído en el nombre del Hijo *unigénito* de Dios (Jn 3:18).

5. Así manifestó Dios su amor entre nosotros: en que envió a su Hijo *unigénito* al mundo para que vivamos por medio de él (1 Jn 4:9).

En tres de las cinco ocasiones, el adjetivo se aplica directamente al sustantivo *Hijo*. En los otros dos casos se recalca además que es el «Hijo unigénito del Padre», «que es Dios y que vive en unión íntima con el Padre» (Jn 1:14, 18).

Monogenes es un término que denota la relación particular entre Jesús y Dios. Aunque Dios es el Padre de toda la humanidad, Jesús es el único (*monogenético*) Hijo de Dios, porque Cristo es el único que posee la constitución genética de Dios.

La reconocida traducción «Hijo unigénito» comunica esta verdad. Cuando los padres engendran o conciben un hijo, le transfieren su ADN. Jesús tiene el mismo ADN de Dios. Jesús no fue engendrado en el sentido de haber tenido un comienzo, sino en el sentido de que Él y Dios tienen la misma esencia, eternidad, sabiduría y energía sin comienzo ni fin. Cada cualidad que atribuyamos a Dios, podemos atribuirla a Jesús.

«El que me ha visto a mí, ha visto al Padre» dijo Jesús enfáticamente (Jn 14:9) y la Epístola a los Hebreos lo ratifica: «El Hijo es el resplandor de la gloria de Dios, la fiel imagen de lo que él es» (1:3).

Jesús ocupa el pedestal de «Cristo Redentor» sin rivales. Él reclama, no una parte mayoritaria de la autoridad sino toda autoridad. «Mi Padre me ha entregado todas las cosas. Nadie conoce al Hijo sino el Padre, y nadie conoce al Padre sino el Hijo y aquel a quien el Hijo quiera revelarlo» (Mt 11:27).

No lea esas palabras de pasada, porque son el colmo de los colmos o la verdad por excelencia y se merecen su consideración lenta y reflexiva.

«Mi Padre me ha entregado todas las cosas». ¿Significa esto que Jesús tiene el único cetro de autoridad del universo? Uno de sus seguidores lo creyó firmemente. Cuando cierto oficial romano mandó pedir a Jesús que sanara a su siervo, este se dispuso a ir a su casa pero el hombre envió amigos que lo interceptaran para decirle que no hiciera un viaje innecesario: «Con una sola palabra que digas, quedará sano mi siervo. Yo mismo obedezco órdenes superiores y, además, tengo soldados bajo mi autoridad. Le digo a uno: "Ve", y va, y al otro: "Ven", y viene. Le digo a mi siervo: "Haz esto", y lo hace» (Lc 7:7-8).

El soldado entendía el concepto de autoridad: Cuando el que está al mando manda algo, los que están bajo su autoridad obedecen. Este romano dijo en efecto: «Jesús, tú eres el jefe y ocupas el trono, eres el único con cinco estrellas en el hombro». Este hombre reconoció a Cristo como comandante supremo.

¡Y Cristo no lo corrigió! Jesús no cuestionó la opinión del hombre ni rectificó sus comentarios. Pudo haberle dicho: «Me siento halagado», pero no trató su elogio como algo exagerado sino que lo aceptó como correcto y apropiado. «Les digo que ni siquiera en Israel he encontrado una fe tan grande» (v. 9).

Cristo ejerce máxima influencia. Con una supremacía sin igual que no comparte con nadie, guía el navío y pilotea el avión. Cuando mueve los ojos, los océanos se desplazan. Cuando se aclara la garganta, las aves migran. Él puede eliminar bacterias con un solo pensamiento. Él es «el que sostiene todas las cosas con su palabra poderosa» (Heb 1:3).

Él es a la historia lo que el tejedor es al bordado. En cierta ocasión observé tejer a una artesana en una plaza de mercado en el centro de San Antonio. Ella seleccionaba hilos que sacaba de su bolsa y colocaba primero en el marco, luego en la devanadera que pasaba de un lado a otro entretejiendo las puntadas de diversos colores y formando texturas en varias capas intercaladas. En cuestión de minutos alcancé a distinguir el diseño que escogió.

De forma similar, Cristo entreteje su historia. Cada persona es un hilo, cada momento un color, cada era una pasada del carrete. Jesús entreteje con precisión el bordado de la humanidad. «Porque mis pensamientos no son los de ustedes, ni sus caminos son los míos, afirma el SEÑOR» (Is 55:8).

El significado del vocablo que se traduce *pensamientos* es «tejidos».[2] Es como si Dios nos dijera: «Mis tejidos son más elaborados de lo que ustedes podrían imaginarse».

Cristo es el único regente del universo. Como tal, también se declara el único revelador de la verdad. «Nadie conoce al Hijo sino el Padre, y nadie conoce al Padre sino el Hijo» (Mt 11:27).

Jesús disfruta una intimidad con Dios y una relación mutua con el Padre que nadie más tiene.

Los casados saben algo acerca de esto porque saben lo que el otro va a decir y anticipan las acciones de cada uno. Algunos incluso empiezan a tener el mismo aspecto (una posibilidad que tiene muy preocupada a mi esposa).

Denalyn y yo llevamos casados más de veinticinco años. Nosotros ya no conversamos, nos comunicamos por códigos. Ella entra a la cocina mientras yo me preparo un emparedado.

—¿Denalyn? —le pregunto.

—No, no quiero uno.

Abro la nevera y me quedo mirando un momento.

—¿Denalyn?

Ella observa mi preparación del emparedado y contesta:

—La mayonesa está en la repisa superior, los pepinillos en la puerta.

Sabe qué voy a decir antes que lo diga. En consecuencia, puede hablar en representación mía con credibilidad total. Si dice: «Max preferiría un color distinto» o: «Max aprobaría esta idea», hay que hacerle caso. Ella sabe de qué habla. Es la única persona que califica como mi representante.

¡Cuánto más califica Jesús como el representante de Dios! Jesús es el único ser que «vive en unión íntima con el Padre», por eso es el único que «nos lo ha dado a conocer» (Jn 1:18).

Cuando Jesús dice: «En la casa de mi Padre muchas moradas hay» (Jn 14:2, RVR 1960), cuente con ello. Él sabe. Él las ha recorrido todas.

Cuando dice: «Así que no tengan miedo; ustedes valen más que muchos gorriones» (Mt 10:31), confíe en su palabra. Jesús sabe. Él conoce el valor de cada criatura.

Cuando Cristo nos declara: «Su Padre sabe lo que ustedes necesitan» (Mt 6:8), creámoslo. A fin de cuentas, Él «estaba con Dios en el principio» (Jn 1:2).

Jesús afirma ser, no un teólogo *eminente*, ni un teólogo *excelente*, ni siquiera el Teólogo *Supremo*, sino más bien el *Único* Teólogo. «Nadie conoce al Padre sino el Hijo». Él no dice: «Nadie conoce realmente al Padre *como lo conoce* el Hijo», ni «*de igual manera que* el Hijo». Más bien dice: «Nadie conoce al Padre, *excepto* el Hijo».

La puerta del cielo no tiene más que una llave y Jesús la tiene en su poder.

Piénselo de este modo: Usted es un estudiante de quinto grado de primaria en una clase de astronomía. El día que leen acerca de la primera misión a la luna, usted y sus compañeros de clase inundan a la maestra con preguntas sobre los viajes espaciales.

«¿Cómo se siente el polvo lunar?»

«¿Uno puede tragar saliva si no hay gravedad?»

«¿Y cómo va uno al baño en el espacio?»

La maestra hace lo mejor que puede pero cada respuesta que da va antecedida por palabras como: «Bueno, me imagino que…», o «Yo diría que…», o «Quizás…»

¿Cómo podría ella saberlo? Nunca ha ido al espacio. Al siguiente día, trae un invitado que sí ha ido. Neil Armstrong entra al salón de clase. Sí, el mismísimo que dijo: «Este es un pequeño paso para el hombre, pero un gran paso para la humanidad».

«Vuelvan a hacer todas sus preguntas», es la invitación de la maestra. El distinguido astronauta contesta cada una con plena certeza porque conoce la luna y la recorrió a pie. No especula ni titubea, habla con convicción.

Jesús fue así, «porque les enseñaba como quien tenía autoridad» (Mt 7:29). Jesús conoce las medidas del trono celestial, la fragancia de su incienso, las canciones favoritas del coro incesante. Él tiene un conocimiento único e incomparable de Dios que quiere compartir con usted. «Nadie conoce al Padre sino el Hijo *y aquel a quien el Hijo quiera revelarlo*» (Mt 11:27).

Jesús no se jacta de su conocimiento; lo comparte. No se ufana; prodiga. No hace alarde; revela. Él nos revela los secretos de la eternidad.

Además los comparte, no solamente con los encopetados o pura sangre, sino con los hambrientos y necesitados. A continuación, Jesús nos hace una invitación a todos: «Vengan a mí todos ustedes que están cansados y agobiados, y yo les daré descanso. Carguen con mi yugo y aprendan de mí, pues yo soy apacible y humilde de corazón, y encontrarán descanso para su alma» (vv. 28-29).

Hágase un inmenso favor. Encuentre el marcador más brillante que tenga y resalte estas palabras, subráyelas también para expresar su aceptación de la invitación de Jesús: «Aprendan de mí...»

En mi época de niño explorador, una de las tareas que me asignaron fue construir una cometa. Gracias a Dios, mi papá sabía armarlas, entre otras cosas. Él construía carritos de balines, patinetas y demás. De hecho, construyó la casa en que vivíamos. Una cometa para él era como una acuarela para Van Gogh. La podía armar con los ojos cerrados.

Con pegante de madera, palos y papel periódico, elaboró una obra maestra para surcar el cielo. Tenía forma de caja y colores rojo, blanco y azul. Hicimos el lanzamiento de nuestra creación con auspicio de los vientos de marzo, pero al cabo de unos minutos mi cometa se topó con un chiflón descendiente y empezó a caer en picada. Estiré la cuerda, corrí hacia atrás, hice todo lo posible por mantener la elevación. Pero ya era demasiado tarde. La cometa cayó a tierra como un dirigible en llamas.

Imagínese a un chico pelirrojo de doce años mirando descorazonado su cometa dañada. Ese era yo. Ahora imagínese a un hombre macizo de piel lozana y con gabán que coloca su mano sobre el hombro del chico. Ese era mi papá, el fabricante de cometas. Cuando vio la maraña de palos y papel me aseguró: «Está bien. Esto tiene arreglo». Yo le creí. ¿Por qué no? Habló con autoridad.

Cristo también. Les dice a todos y cada uno de los que sienten que sus vidas son como una cometa hecha pedazos: «Podemos arreglarlo. Déjame enseñarte. Déjame enseñarte a manejar tu dinero, a salir victorioso en tus días tétricos y lidiar con tus suegros quisquillosos. Déjame enseñarte por qué la gente pelea, por qué llega la muerte y por qué es tan importante el perdón. Pero más que todo, déjame enseñarte cuál es el propósito de tu existencia en la tierra».

¿No cree que necesitamos aprender? Tenemos tanta información, pero es tan poco lo que sabemos. La era de la informática es la era de la confusión: Se sabe mucho acerca de cómo hacer las cosas, pero no el por qué. Necesitamos respuestas. Jesús las ofrece.

La primera pregunta es: ¿Podemos confiar en él? La única manera de saberlo es haciendo lo que hice en Río de Janeiro: Buscarlo. Levante sus ojos y fije la mirada en Jesús. No son suficientes los vistazos rápidos ni las miradas furtivas ocasionales. Matricúlese en su escuela. «Déjame enseñarte… aprende de mí». Acéptelo como su polo norte, su punto de referencia. Asómese desde las calles populosas y por entre los techos y los cables de la luz hasta que pueda ver su rostro, y no lo pierda de vista.

Encontrará mucho más que un hospital.

Hallará al Unigénito y al Único.

6

EL CORAZÓN QUE
NOS OFRECE

«…que *dio* a su Hijo unigénito…»

En lo que respecta a exámenes médicos, este era uno sencillo. En lo que respecta a mí, ningún examen es sencillo si incluye las palabras *irregular* y *pulso*. Sé que soy propenso a tener el pulso acelerado. Cada vez que veo a Denalyn lo noto. Cuando me sirve una porción de helado, mi corazón salta.

Esas son palpitaciones normales. Eran los ritmos arbitrarios los que preocupaban al cardiólogo, el médico más considerado que conozco. Me hizo el examen para tranquilizarme pues mi condición no es la más seria: «En materia de dolencias cardíacas, usted puede considerarse afortunado».

Perdonarán mi entusiasmo anémico, pero eso suena como si alguien le dijera al paracaidista antes de saltar del avión: «Su paracaídas tiene un defecto, pero no es tan grave como parece». Yo prefiero el tratamiento de otro especialista que vio mi condición y me hizo una oferta fenomenal: «Intercambiemos corazones. El mío es aguantador, el tuyo frágil. El mío es puro, el tuyo está infectado. Quédate con el mío y disfruta su vigor. Dame el tuyo y soportaré su irregularidad».

¿Dónde se encuentra un médico así? Lo podemos conseguir marcando el número 3:16. El corazón mismo de este versículo trata el corazón de nuestro problema: «Porque tanto amó Dios al mundo, que *dio* a su Hijo unigénito».

Alguien me dijo una vez: «Esa es la locura más grande que he oído en mi vida». Aquel hombre y yo compartimos asientos contiguos y la misma comida en un vuelo, pero no apreciábamos Juan 3:16 por igual.

«Yo no necesito que Dios *dé* a alguien por mí», afirmó. «He tenido una buena vida y he hecho un buen trabajo. La gente me respeta. Mi esposa me quiere. No necesito que Dios me dé a su hijo».

¿Está usted de acuerdo? Tal vez aprecie las enseñanzas de Jesús y admire su ejemplo, pero sin importar por dónde lo vea, no puede captar el significado y la importancia de su muerte. ¿Cómo puede la muerte de Cristo significar vida para nosotros? La respuesta empieza con un examen del corazón.

«Engañoso es el corazón más que todas las cosas, y perverso» (Jer 17:9, RVR 1960). El cardiólogo espiritual examina nuestros corazones y encuentra anomalías arraigadas: «Porque de adentro, del corazón humano, salen los malos pensamientos, la inmoralidad sexual, los robos, los homicidios, los adulterios, la avaricia, la maldad, el engaño, el libertinaje, la envidia, la calumnia, la arrogancia y la necedad» (Mc 7:21-22).

Él declara nuestro problema de proporciones pandémicas: «No hay un solo justo, ni siquiera uno; no hay nadie que entienda, nadie que busque a Dios» (Ro 3:10-11).

Esto tiene que ser una exageración, un diagnóstico errado. ¿Será cierto que todos sin excepción hemos pecado y estamos totalmente «privados de la gloria de Dios» (Ro 3:23)?

Esta generación guarda un extraño silencio en cuanto al pecado. Los programas nocturnos de entrevistas no discuten los errores crasos de la humanidad. Algunos profesionales de la salud mental ridiculizan nuestra necesidad del perdón divino. Al mismo tiempo violamos la tierra, despilfarramos recursos no renovables y diariamente dejamos que mueran 24 mil personas de hambre física.[1] En estas décadas «modernas» hemos inventado amenazas a escala global y reinventado el genocidio y la tortura. El siglo veinte fue testigo de más matanzas que cualquier otro en la historia, desde la masacre otomana de 1.5 millones de armenios en la Primera Guerra Mundial a la masacre de 3 millones de personas en Ruanda y Sudán en la década de los noventa. Durante ese lapso también ocurrieron la hambruna y el terror en Ucrania, la afrenta de Auschwitz, la masacre de Nanjing, el ferrocarril de Birmania, el Gulag soviético, la revolución cultural en China, los campos ensangrentados de Camboya, los exterminios en Yugoslavia y Bangladesh, etc. Por guerras y genocidios más de 200 millones de almas pasaron a la eternidad en escasos cien años.[2]

Parece que la barbarie no ha pasado de moda en el planeta tierra. ¿Negar nuestro pecado? Cuasimodo podría negar su joroba más fácilmente. ¿Nuestro problema de corazón? Es universal.

También personal. Haga este sencillo ejercicio conmigo: Mida su vida con estos cuatro parámetros de los Diez Mandamientos. Los candidatos al cielo deberían sacar un buen puntaje en las leyes básicas de Dios, ¿no lo cree?

1. «No robes» (Éx 20:15). ¿Alguna vez se ha robado algo? ¿Un clip o un estacionamiento? Ladrón.

2. «No des falso testimonio» (v. 16). El que responda que no, acaba de mentir.

3. «No cometas adulterio» (v. 14). Jesús dijo que si miramos a una mujer con lujuria y deseamos tener relaciones sexuales con ella, ya hemos sido infieles en nuestro corazón (Mt 5:28).

4. «No mates» (v. 13). Antes de declararse inocente, recuerde que para Jesús una reacción colérica es igual a un homicidio. «Yo les aseguro que cualquiera que se enoje con otro tendrá que ir a juicio. Cualquiera que insulte a otro será llevado a los tribunales. Y el que maldiga a otro será echado en el fuego del infierno» (Mt 5:22). Nada más esta mañana en el viaje al trabajo asesinamos a una docena de conductores.

El cardiólogo nos tiene malas noticias. El puntaje de nuestro examen indica que somos homicidas que roban, mienten y adulteran.

Compare su corazón con el de Cristo. En su lista de afirmaciones que lo califican como el loco más grande de la historia o el rey del universo, no olvide incluir esta: Afirmó tener el único corazón libre de todo pecado. Por eso lanzó este reto: «¿Quién de ustedes me puede probar que soy culpable de pecado?» (Jn 8:46). Si yo dijera algo parecido a mis amigos, todos ondearían las manos como un trigal de Kansas. En cambio, en respuesta al reto de Jesús, nadie pudo convencerle de pecado. Sus enemigos tuvieron que inventarse acusaciones para arrestarlo. Pilato, el oficial de mayor rango en la región, no encontró ninguna razón para culpar a Jesús. Pedro, que anduvo a la sombra de Jesús durante tres años, escribió: «Él no cometió ningún pecado, ni hubo engaño en su boca» (1 P 2:22).

El ejemplo de Jesús enmudece todos los alardes.

Viví un ejemplo remotamente similar al conocer a Byron Nelson, la leyenda del golf. Yo apenas había empezado en el juego y acababa de obtener un puntaje por debajo de cien. Un amigo tenía una cita con el señor Nelson y me pidió que lo acompañara. En el trayecto me jacté de mi puntaje de dos dígitos y le hice un resumen de mi desempeño hoyo por hoyo. Temiendo que hiciera lo mismo con el campeón jubilado, mi amigo me preguntó qué sabía de los logros de Byron Nelson y luego me informó:

- cinco títulos mundiales
- once victorias consecutivas
- puntaje promedio de noventa y nueve durante la racha

De repente, mi puntaje de noventa y nueve pareció insignificante. El ejemplo de Nelson me silenció. La perfección de Jesús nos silencia.

Ahora bien, ¿cómo reacciona Jesús a nuestros corazones descompuestos? ¿Puede un buen cardiólogo notar una irregularidad y pasarla por alto? ¿Puede Dios descartar nuestros pecados como errores inocentes? No. Él es el único juez soberano. Él emite decretos, no opiniones; mandatos, no sugerencias. Los cuales son verdaderos y surgen de la santidad de su ser. Transgredirlos equivale a destronarlo y acarrea el precio más alto que se pueda imaginar.

Jesús estableció claramente la importancia de «la santidad, sin la cual nadie verá al Señor» (Heb 12:14). Las almas de aquellos que tienen corazones endurecidos no habitarán en el cielo.

Los que tienen un «corazón puro» son los únicos que «verán a Dios» (Mt 5:8). ¿Dónde quedamos nosotros? Aferrados a la esperanza contenida en una palabra griega de cinco letras.

Hyper significa «en lugar de» o «a favor de».[3] Los escritores del Nuevo Testamento usaron esta preposición en repetidas ocasiones para describir la obra de Cristo:

- «Cristo murió por [*hyper*] nuestros pecados según las Escrituras» (1 Co 15:3).
- «Jesucristo dio su vida por [*hyper*] nuestros pecados» (Gl 1:4).

- «Cristo nos rescató de la maldición de la ley al hacerse maldición por [*hyper*] nosotros» (Gl 3:13).
- Jesús mismo lo profetizó: «Yo soy el buen pastor. El buen pastor da su vida por [*hyper*] las ovejas» (Jn 10:11).
- «Nadie muestra más amor que quien da la vida por [*hyper*] sus amigos» (Jn 15:13).
- Antes de su muerte, Jesús tomó pan y explicó: «Esto es mi cuerpo que ahora es entregado en favor de [*hyper*] ustedes» (Lc 22:19). Y al presentar la copa, explicó: «Este vino es mi sangre derramada en favor de [*hyper*] ustedes» (v. 20).

Si suena hipertrofiado mi uso de la palabra *hyper*, pido disculpas, pero este es un punto crucial. Cristo hizo intercambio de corazones con usted. Sí, me refiero a su corazón mentiroso, ladrón, adúltero y homicida. Él tomó su corazón, se lo puso adentro y se sometió al justo castigo de Dios sobre él: «Pero el SEÑOR hizo recaer sobre él la iniquidad de todos nosotros» (Is 53:6).

Una cristiana de la China entendió este punto. Antes de su bautismo, un pastor le hizo una pregunta para asegurarse de que entendía el significado de la cruz. La pregunta fue: «¿Tuvo Jesús algún pecado?»

«Sí», contestó ella.

Mortificado, el pastor repitió la pregunta.

«Él tuvo pecado», contestó ella sin parpadear.

El líder procedió a corregirla pero ella insistió: «Él tuvo mi pecado».[4]

Aunque estaba sano, Jesús tomó nuestra enfermedad. Enfermos como somos, los que aceptamos su oferta somos pronunciados sanos. Más que indultados, somos declarados inocentes. Entramos al cielo, no con corazones sanados sino con el corazón de Jesús. Es como si nunca hubiésemos pecado. Lea detenidamente el anuncio de Pablo: «Ahora que estamos unidos a Cristo, somos una nueva creación. Dios ya no tiene en cuenta nuestra antigua manera de vivir, sino que nos ha hecho comenzar una vida nueva» (2 Co 5:17).

Disfrutamos la misma distinción de Bertram Campbell, que pasó tres años y cuatro meses en la cárcel por una adulteración que no cometió. Después que el verdadero delincuente confesó, el gobernador no solamente declaró absuelto a Campbell sino inocente.[5] Dios hace exactamente lo mismo por nosotros. «Cristo nunca pecó. Pero Dios lo trató como si hubiera pecado, para declararnos inocentes por medio de Cristo» (2 Co 5:21).

Aquí no se trata de un transplante, más bien es un canje. Lo santo y lo vil cambiaron de lugar. Dios hizo saludable lo enfermo, enderezó lo torcido, rectificó lo errado y arregló lo dañado.

Steven Vryhof fue testigo del poder de este regalo divino en una iglesia luterana de Suecia. Un puñado de fieles se había congregado para cantar, orar y celebrar la comunión. Vryhof pasó cuando le tocó su turno frente al altar, y tras recibir el pan y el vino volvió a su puesto.

Cuando el ministro le dio la espalda a la congregación y empezó a retirar los elementos, dos feligreses más pasaron adelante. Una mujer que aparentaba cincuenta empujaba a su mamá que iba en silla de ruedas. «La madre», escribe Vryhof, «tenía el aspecto típico de los que viven en hogares para ancianos, caída hacia un lado, flaca y demacrada, sin color en el pelo, mirada ausente y quijada entreabierta. Había venido a recibir la comunión».

Todos excepto el ministro notaron a las dos mujeres, y cuando él por fin se percató de su presencia, sacó otra vez los elementos y administró el pedazo de pan y la porción de vino. Luego hizo una pausa, las miró directo a los ojos y declaró la bendición habitual: «Nuestro Señor Jesucristo, cuyo cuerpo y sangre han recibido, preserve su alma para vida eterna».

A Vryhof le pareció muy irónico. La anciana ni siquiera podía mantener la cabeza erguida y no trajo más que su cuerpo maltrecho y sus huesos frágiles. ¿Resulta difícil creer que un alma así tenga importancia para el cielo? En el mismo instante que Vryhof se hizo la pregunta, las campanas de la iglesia repicaron de forma inesperada y majestuosa. Fue como si Dios mismo declarara: «Yo reclamaré a lo frágiles, preservaré a los débiles y afirmaré a los abatidos. Que todos ellos vengan a mí».[6]

Es en tal condición que lo hacemos. Acudimos a Él lastimados y maltrechos, preguntándole: «¿Puedes hacer algo con este corazón?»

Él asiente con la cabeza y dice sonriendo: «Te propongo un canje».

7

LA POLÍTICA UNIVERSAL
DEL CIELO

«...para que todo el que cree en él
no se pierda...»

El obelisco de Cleopatra se impone en Londres como el forastero que es. Sus grabados hablan de otros tiempos en un lenguaje vetusto. Fue construido hace 3.500 años como obsequio para un faraón egipcio, pero el 12 de septiembre de 1878 el gobierno británico lo plantó en suelo inglés para montar guardia al río Támesis.

F. W. Boreham estuvo presente. Cumplió siete años el día que sus padres lo llevaron por tren a Londres para ser testigos de la ocasión. Él describió «la gran columna de granito repleta de jeroglíficos». Observó ascender la reliquia «de su posición horizontal a la perpendicular, como un gigante despertándose de un largo sueño».

Su padre le explicó cuán significativa era la estructura, ya que alguna vez había protegido el gran templo en Heliópolis, los faraones pasaron junto a ella montados en sus carros y Moisés seguramente estudió sobre sus gradas. Ahora, flanqueada por esfinges de piedra, la aguja de Cleopatra se erguía en un canal británico con una cápsula de tiempo enterrada en su base. Algún día, según el razonamiento de los oficiales del gobierno, cuando la Gran Bretaña corra la misma suerte del antiguo Egipto, algún excavador abrirá la caja para encontrar una muestra representativa de la era victoriana inglesa.

Las generaciones futuras descubrirán allí una colección de monedas, juguetes infantiles, un directorio de la ciudad, fotografías de las doce mujeres más bellas de la época, una cuchilla de afeitar y un versículo de la Biblia, traducido en 215 idiomas: «Porque de tal manera amó Dios al mundo, que ha dado a su Hijo unigénito, para que todo aquel que en él cree, no se pierda, mas tenga vida eterna».[1]

Imagínese a una exploradora del futuro que excava las ruinas de Londres y encuentra el texto bíblico. Si no fuera por las palabras *todo aquel*, ella podría relegarlo a un mito antiguo.

Estas palabras izan Juan 3:16 como una pabellón para todas las eras. *Todo* significa que el tapete de bienvenida del cielo se extiende a toda la humanidad. *Todo* es la invitación de Dios al mundo.

Jesús pudo haber restringido el alcance de la promesa cambiando *todo aquel* por un simple *aquel*. «Aquellos judíos que crean» o «aquellas mujeres que me sigan». Pero no empleó ese lenguaje. El pronombre es maravillosamente indefinido. Al fin de cuentas, ¿quién podría excluirse de *todo aquel*?

Este lenguaje universal tumba las barreras raciales y dinamita las clases sociales. Pasa por encima de las divisiones de género y sobrepasa las tradiciones antiguas. 3:16 es muy claro: Dios exporta su gracia a escala global, sin restricciones. Jesús lo confirma:

A cualquiera que me reconozca delante de los demás, yo también lo reconoceré delante de mi Padre que está en el cielo (Mt 10:32).

El que encuentre su vida, la perderá, y el que la pierda por mi causa, la encontrará (Mt 10:39).

Cualquiera que hace la voluntad de Dios es mi hermano, mi hermana y mi madre (Mc 3:35).

El que crea y sea bautizado será salvo, pero el que no crea será condenado (Mc 16:16).

El que cree en el Hijo tiene vida eterna; pero *el que* rechaza al Hijo no sabrá lo que es esa vida, sino que permanecerá bajo el castigo de Dios (Jn 3:36).

El que beba del agua que yo le daré, no volverá a tener sed jamás (Jn 4:14).

El que a mí viene, no lo rechazo (Jn 6:37).

Todo el que vive y cree en mí no morirá jamás (Jn 11:26).

El que tenga sed, venga; y *el que* quiera, tome gratuitamente del agua de la vida (Ap 22:17).

Tito 2:11 nos asegura que «en verdad, Dios ha manifestado a toda la humanidad su gracia». Pablo argumenta que Jesucristo se sacrificó y «dio su vida como rescate por todos» (1 Ti 2:6). Pedro afirma que Dios «no quiere que nadie perezca sino que todos se arrepientan» (2 P 3:9). El evangelio de Dios tiene una política de aplicación universal a cualquiera y todo aquel.

Necesitamos saber esto. Los vaivenes de la vida pueden crear un estado tan deplorable que nos preguntamos si Dios todavía nos quiere recibir. Seguramente Lázaro el mendigo tuvo esa inquietud. Jesús nos cuenta esto acerca de él:

> Había un hombre rico que se vestía lujosamente y daba espléndidos banquetes todos los días. A la puerta de su casa se tendía un mendigo llamado Lázaro, que estaba cubierto de llagas y que hubiera querido llenarse el estómago con lo que caía de la mesa del rico. Hasta los perros se acercaban y le lamían las llagas (Lc 16:19-21).

Los dos hombres viven en los extremos opuestos de la sociedad. El rico vive con lujos y se viste con lo más fino. El lenguaje indica que sus trajes valen su peso en oro.[2] Disfruta comida exótica y una casa espaciosa con jardines preciosos. Es la versión de un multimillonario de Mónaco en el Nuevo Testamento.

Lázaro no tiene dónde caer muerto. Los perros le lamen las heridas que aquejan su piel. Desfallece afuera de la mansión mientras espera que le caiga alguna migaja. Infectado.

Rechazado. Sin posesiones. Sin familia. ¿Una excepción a la política universal de Dios?

De ningún modo.

En un desenlace dramático, el telón de la muerte cae en el acto primero y el destino eterno de los protagonistas es revelado en el acto segundo.

> Resulta que murió el mendigo, y los ángeles se lo llevaron para que estuviera al lado de Abraham. También murió el rico, y lo sepultaron. En el infierno, en medio de sus tormentos, el rico levantó los ojos y vio de lejos a Abraham, y a Lázaro junto a él (vv. 22-23).

El pobre Lázaro ya no tiene necesidades. El rico carece de todo. Ya no cuenta con la seguridad de sus lujos, mientras Lázaro disfruta la compañía de Abraham.

Todavía quedan Lázaros en nuestro planeta. Quizá usted sea uno. Tal vez no mendigue pan, pero lucha para comprarlo. No duerme en la calle, pero ¿tal vez en el piso? ¿A veces dentro de su automóvil? ¿En un sofá prestado? ¿Tiene Dios un lugar para personas en su situación?

De todos los mensajes que comunica este relato, no se pierda este: Dios le recibe sin importar cómo le encuentre. Usted no necesita arreglarse ni trepar un muro. Tan solo levante la mirada. La política universal de Dios tiene una cláusula incondicional de beneficio.

Además tiene una cláusula temporal abierta. *Apenas* oiga la voz de Dios, él recibirá su respuesta. Mientras limpiaba mi carro encontré un cupón de regalo para un restaurante. Entre todos los papelitos, envolturas de chicle y basura había un tesoro: Cincuenta dólares de buena comida. Lo había recibido hacía mucho tiempo para mi cumpleaños y lo extravié. Mi entusiasmo duró hasta que vi la fecha de vencimiento. La invitación había caducado. Me demoré demasiado.

Pero usted no tiene ese problema, y para convencerlo Jesús ofreció la bella parábola de la hora undécima. Él describió a un terrateniente que necesitaba ayudantes. Así como un agricultor contrata obreros inmigrantes o un diseñador de jardines arma una cuadrilla de jornaleros, este hombre empleó trabajadores: «Acordó darles la paga de un día de trabajo y los envió a su viñedo» (Mt 20:2). Unos cuantos fueron contratados temprano en la mañana, otros a las nueve de la mañana. El dueño del viñedo reclutó unos más al mediodía y volvió a las tres de la tarde por más. A las cinco de la tarde, una hora antes del fin de la jornada, enganchó una cuadrilla más.

Aquellos últimos hombres se llevaron una sorpresa. Con una escasa hora de trabajo, habían esperado irse con los bolsillos vacíos. Ya se preparaban para oír la pregunta: «¿Trabajaron hoy?» Ningún empresario hace una invitación a última hora, ¿o acaso sí?

Dios lo hizo.

Nadie le paga el salario de un día a un trabajador por una hora, ¿verdad?

Dios lo hace.

Lea el remate de Jesús: «Cada uno de ellos recibió también la paga de un día» (v. 10). Los convertidos en su lecho de muerte y los santos de toda la vida entran al cielo por la misma puerta.

Hace unos años llevé un ejemplar de la política universal de Dios a California. Quería mostrárselo a mi tío Billy. Él había planeado visitarme en mi casa pero su cáncer óseo trastocó sus planes.

Mi tío me recordaba mucho a mi padre, macizo como un horno de piedra y con la piel tan roja como una pelota de baloncesto. Tenían en común la misma cepa del occidente de Texas, el gusto por los buenos cigarros y la ética laboral del proletariado. Pero no estaba seguro si compartían la misma fe. Tras montar en varios aviones, dos buses y un auto alquilado, llegué a la casa del tío Billy para enterarme de que había vuelto al hospital y no se permitían las visitas sino tal vez hasta el día siguiente.

Él se sintió mejor al día siguiente y pudo regresar a su casa. Fui a verlo. El cáncer le había robado su fortaleza. El sillón donde estaba reclinado parecía más un sarcófago. Me reconoció pero cabeceó varias veces mientras hablaba con su esposa y amigos. Abrió muy poco los ojos. La gente iba y venía, y empecé a preguntarme si tendría algún chance de hacerle la pregunta.

Finalmente los visitantes salieron al patio y me dejaron solo con mi tío. Me acomodé en una silla para estar más cerca de él, tomé su mano reseca y no perdí un solo minuto más: —Bill, ¿estás listo para ir al cielo?

Por primera vez, abrió los ojos como dos platos y levantó la cabeza. Su respuesta fue dudosa:

—Creo que sí.

—¿Quieres estar seguro?

—Sí.

Nuestra breve charla terminó con una oración pidiendo gracia. Ambos dijimos «amén» y me fui. Tío Billy murió en cuestión de días. ¿Abrió sus ojos en el cielo? Según la parábola de los obreros de la hora undécima, así fue.

Algunos tienen dificultades con esa noción. Un confesor de último minuto recibe la misma gracia que un siervo de toda una vida. ¿Acaso es justo? En la parábola, los trabajadores también se quejaron y el dueño del viñedo, al igual que Dios, explicó su prerrogativa soberana: «¿Es que no tengo derecho a hacer lo que quiera con mi dinero?» (v. 15).

Si usted pide gracia con su último aliento de vida, Dios oirá su oración. *Todo el que cree* también significa «en cualquier momento».

Además, esta política universal incluye todo lugar. *Dondequiera* se encuentre usted, no está demasiado lejos para volver al hogar.

El hijo pródigo supuso que lo estaba. Había menospreciado la bondad de su padre y «se fue lejos a una provincia apartada; y allí desperdició sus bienes viviendo perdidamente» (Lc 15:13, RVR 1960).

La palabra que se traduce aquí *desperdició* es el mismo verbo griego que describe la acción de un agricultor que siembra semilla. Imagínelo arrojando puñados de semillas en un terreno surcado. Imagine al pródigo arrojando el dinero de su padre a negociantes codiciosos: Un fajo de billetes para un club, un puñado de monedas para otro, etc. Va montado en la alfombra mágica del dinero en efectivo, pasando de una fiesta a la siguiente.

De repente llega el día en que sus bolsillos quedan vacíos. Ya no le aceptan la tarjeta de crédito. El mesero no se acerca a atenderlo, el hotelero le dice que se vaya y el chico iluso cae en cuenta de la realidad. Pasa de ser el príncipe de los mendigos al mendigo de los cerdos. Encuentra empleo alimentando puercos, que no es la carrera más recomendable para un joven judío.

El hambre lo carcome tanto por dentro que contempla la posibilidad de alimentarse junto con los cerdos, pero en lugar de tragarse las algarrobas se tragó su orgullo y emprendió su famoso regreso al hogar, ensayando en cada paso del camino su discurso de arrepentimiento. Resulta que no lo necesitó. «Y cuando aún estaba lejos, lo vio su padre, y fue movido a misericordia, y corrió, y se echó sobre su cuello, y le besó (v. 20, RVR 1960). El padre le había guardado el puesto a su hijo.

También se lo guarda a usted. Si la mesa del banquete celestial tiene puestos reservados, hay una etiqueta con su nombre.

Es mucho lo que perdemos en la vida: la sobriedad, la solvencia y la cordura. Perdemos trabajos y oportunidades, y también perdemos en el amor. Perdemos la juventud y su vigor, el idealismo y sus sueños. Perdemos mucho, pero jamás perdemos nuestro puesto en la lista universal del «todo aquel» de Dios.

Todo el que cree, son las maravillosas palabras de bienvenida de Dios.

Me encanta oír a mi esposa decir unas palabras similares. A veces percibo en el aire mi fragancia favorita, procedente de la cocina: Pastel de fresa. Sigo el olor como un sabueso la pista, hasta que mi nariz queda justo encima del molde recién sacado del horno, embelesada. No obstante, he aprendido a dejar quieto el tenedor hasta que Denalyn permita el acceso.

—¿Para quién es? —pregunto.

Ella a veces me parte el corazón.

—Es para una fiesta de cumpleaños, Max. ¡No lo vayas a tocar!

O me dice:

—Es para una amiga. Ni te acerques.

Pero también es posible que me abra la puerta de la felicidad:

—Es para el que quiera.

Qué dicha, ¡eso me incluye a mí!

Espero que usted también lo quiera. No el pastel, sino a Dios.

Ninguna categoría social es demasiado baja.

Ninguna hora es demasiado avanzada.
Ningún lugar es demasiado lejano.
Como sea. Cuando sea. Donde sea. Quien sea.
Mi amigo, *todo el que cree* le incluye a usted... para siempre.

8

CREER Y RECIBIR

«…para que todo *el que cree* en él
no se pierda…»

«Explíqueme otra vez qué debo hacer», le dije con un resoplido de resignación.

«Solamente confíe en mí» me aseguró. Se trataba de una joven en edad universitaria con gorra de béisbol y el cabo de un lazo en la mano. *Confíe en mí* significaba lanzarme de espaldas por un barranco de 150 metros de altura amarrado a un arnés de cuerdas con expresión de ternero degollado.

A algunas personas les encanta bajar precipicios. Les gusta la sensación del estómago en la garganta. A mí no. Yo prefiero la de estar sentado en una silla. Había viajado a Colorado para experimentar una semana de descanso a todo dar. Aire fresco, paisajes magníficos, buen café, charlas prolongadas. Estas eran las actividades de mi lista. Piruetas rebuscadas en una montaña no venían al caso.

La culpa de mi presencia en la cima la tuvieron un par de amigos persuasivos y mi tonto orgullo. El equipo en la plataforma me aseguró que aterrizaría sin problemas.

—¿Alguna vez lo ha hecho? —preguntó la chica.

—No.

Me entregó un arnés de cuero y me dijo que me lo pusiera.

—Haga de cuenta que es un pañal —dijo sonriendo más de la cuenta.

Yo pensé, *¿qué tal si necesito un pañal de verdad?*

—¿Y usted qué? —pregunté—. ¿Ya ha bajado a alguien por este precipicio?

—Llevo trabajando aquí todo el verano —dijo sonriente.

Apenas era julio.

—Es muy simple —continuó mientras me aseguraba las correas y me pasaba los guantes—. Agarre la cuerda y salte. Para bajar, rebote en la pared con los pies.

Debería existir esta ley: Las palabras *salte*, *rebote* y *pared* jamás estarán presentes en la misma frase.

—¿Cómo hago para evitar una caída?

—No tiene que hacerlo. Yo me encargo de eso.

—¿Usted?

—Sí, yo sostengo su cuerda.

Qué consuelo. Además de tener por lo menos la mitad de mi edad, era casi la mitad de mi tamaño y parecía más una bailarina que una alpinista.

—Pero, ¿acaso no hay algo que yo deba hacer? —imploré.

—Sí, confiar en mí.

Me acerqué al borde del barranco y miré abajo. Frodo debió sentirse más tranquilo cuando miró el abismo a sus pies.

—¿Tiene artículos valiosos? —oí una voz preguntar.

—Únicamente mi vida.

—Qué chistoso —dijo con un tono tan parecido al de mis hijas que me acordé de no haber actualizado mi testamento—. Vamos ya, ¡es su turno!

Le di un último vistazo. Fue una mirada similar a la inquietud que genera a veces la promesa 3:16. ¿Realmente puedo confiar cuando dice «para que todo el que cree en él no se pierda»?

La invitación de Jesús parece demasiado simple y nosotros tendemos a preferir otros verbos. *Trabajar* suena mejor. «Todo el que trabaje para él se salvará». *Satisfacer* encaja bien, «Todo el que le satisfaga será salvo». Pero, ¿creer? *¿No deberíamos hacer más que eso?*

Esta parece ser la lucha de Nicodemo. Recuerde que su conversación con Cristo fue lo que preparó el escenario para Juan 3:16. El mandato de Jesús, «tienen que nacer de nuevo», le cayó a Nicodemo (y a algunos de nosotros) de forma similar a la reacción que tuve ante las palabras de aquella chica del lazo: ¿Y qué se supone que debo hacer? El bebé asume un papel pasivo en el proceso de nacimiento. El infante permite que la madre realice la labor de parto. La salvación es igualmente simple. Dios obra y nosotros confiamos. Es un concepto inquietante para Nicodemo. *Debe haber algo más.*

Jesús consuela al profesor visitante con una alusión a la Torá, la obra literaria favorita de Nicodemo.

Como levantó Moisés la serpiente en el desierto, así también tiene que ser levantado el Hijo del hombre, para que todo el que crea en él tenga vida eterna (Jn 3:14-15).

Nicodemo conocía el suceso. Esa simple referencia fue suficiente para hacerle entender el concepto, pero para nosotros es críptica. ¿Por qué precedió Jesús el ofrecimiento de 3:16 con una referencia a una serpiente en el desierto? A continuación, el trasfondo histórico.

Los israelitas errantes en el desierto murmuraban contra Moisés, una vez más. Aunque por fin acampaban junto a la tierra prometida y fueron los beneficiarios de cuatro décadas de provisión divina continua, los hebreos despotricaron como malcriados ricachones: «¿Por qué nos hiciste subir de Egipto para que muramos en este desierto?» (Nm 21:5, RVR 1960)

La misma queja, por enésima vez. Esclavos libertados añoraban la esclavitud en Egipto. Soñaban con las pirámides y maldecían la llanura, echando de menos a faraón y denigrando a Moisés. Detestaban la arena caliente, los días largos y el maná; ni hablar del maná: «Nuestra alma tiene fastidio de este pan tan liviano» (v. 5 RVR, 1960).

Ya se habían comido todas las hamburguesas y cacerolas de maná, y habían preparado todos los emparedados con mantequilla de maná que podían aguantarse. Dios también se había aguantado ya suficientes quejas. «Y Jehová envió entre el pueblo serpientes ardientes, que mordían al pueblo; y murió mucho pueblo de Israel» (v. 6, RVR 1960).

Estas son las escenas que sueñan los productores de películas de terror. Víboras lustrosas y sinuosas que salen de huecos en la tierra y de las rocas están por todo el campamento. Mucha gente muere. Hay cadáveres en todos lados. Los sobrevivientes piden a Moisés que implore a Dios misericordia: «Hemos pecado... ruega a Jehová que quite de nosotros estas serpientes. Y Moisés oró por el pueblo. Y Jehová dijo a Moisés: Hazte una serpiente ardiente, y ponla sobre una asta; y cualquiera que fuere mordido y mirare a ella, vivirá. Y Moisés hizo una serpiente de bronce, y la puso sobre una asta; y cuando alguna serpiente mordía a alguno, miraba a la serpiente de bronce, y vivía» (vv. 7-9, RVR 1960).

Este pasaje contiene una profecía solemne.

También incluye una promesa simple. Los israelitas mordidos por serpiente hallaron su salud mirando el asta. Los pecadores hallarán sanidad mirando a Cristo: "Para que todo el que crea en él tenga vida eterna» (Jn 3:15).

La simplicidad exaspera a muchas personas. Esperamos una cura más complicada, un tratamiento más prolijo. Moisés y sus seguidores también pudieron haber esperado más. Fabricar un ungüento. Inventarse una loción terapéutica. Aplicarse el tratamiento unos a otros. O al menos enfrentarse a las culebras. Juntar todos los palos y piedras del campamento para contraatacar la peste.

Nosotros también esperamos que nos asignen un papel de mayor iniciativa, que nos toque improvisar algún remedio para nuestro pecado. Algunos han decidido ir en pos de la misericordia divina vistiéndose de cilicio y ceniza, otros han subido escaleras a alguna catedral de rodillas o pisado ascuas ardientes con los pies descalzos.

Otros hemos decidido escribir nuestro propio versículo: «Al que madruga Dios lo ayuda» (Opinión Popular 1:1), que en la versión parafraseada reza: «Dios ayuda a los que se ayudan a sí mismos». Como quien dice: «Mira Dios, te lo agradecemos pero vamos a reparar el daño por nuestra cuenta, no te preocupes. Vamos a resarcir los errores con donativos y nuestra culpa con múltiples quehaceres. Vamos a superar nuestras fallas con trabajo arduo. Alcanzaremos la salvación al estilo clásico: Nos la vamos a ganar con méritos».

En contraste total, Cristo nos dice lo que aquella chica me dijo: «Lo único que debe hacer es confiar. Confíe en mí, confíe que voy a hacer lo que usted no puede».

A propósito, estos son pasos de confianza que usted da todos los días y de hecho, a toda hora. Usted cree que la silla lo va a sostener y por eso se sienta. Usted cree que el agua va a hidratarlo, por eso la toma. Usted confía en la función que cumple el interruptor, por eso enciende la bombilla. Usted tiene fe en que el picaporte funcione, por eso lo gira para abrir la puerta.

Usted deposita regularmente su confianza en poderes que no puede ver para hacer trabajos y cumplir funciones que usted no puede acometer. Jesús le invita a hacer lo mismo con Él.

Solamente con Él. No con Moisés ni ningún otro líder. No con otras almas mordidas por serpientes. Ni siquiera consigo mismo(a). Usted no puede arreglarse. Mire a Jesús… y crea.

La chica me dijo que la mirara fijamente a los ojos. Cuando me lancé al vacío ella gritó: «¡No deje de mirar acá arriba!» No tuvo que repetirlo. De los dos, era la única persona sonriendo.

Ella realizó su labor, cumplió su función. Yo aterricé en una sola pieza. Eso sí, en las próximas vacaciones voy a quedarme quieto en mi silla.

9

El agarre de la gracia de Dios

«...para que todo el que cree *en él*
no se pierda...»

El equipo Hoyt consiste en un escuadrón de padre e hijo: Dick y Rick. Ellos corren carreras. Muchas carreras. Sesenta y cuatro maratones. Doscientos seis triatlones. Seis triatlones de categoría Ironman. Doscientas cuatro carreras de 10 mil millas. Desde 1975 han cruzado más de dos mil líneas de meta. También atravesaron los Estados Unidos de América. Les tomó cuarenta y cinco días para correr y pedalear 6.012 kilómetros, pero lo lograron.

Al equipo Hoyt le encantan las carreras. El problema es que únicamente la mitad del equipo Hoyt puede correr. Dick, el papá, puede. Pero las piernas de Rick no funcionan y lo mismo le sucede a su habla. Cuando nació en 1962 el cordón umbilical se le enredó en el cuello y obstruyó el paso de oxígeno al cerebro, lo cual resultó en la pérdida de coordinación de sus movimientos corporales. Los doctores no le dieron esperanza de superación.

Dick y su esposa Judy estuvieron en desacuerdo con el dictamen médico. Aunque no podía bañarse, vestirse ni alimentarse por sí solo, Rick podía pensar. Sus padres sabían que era inteligente y por eso lo mandaron a la escuela pública, de la cual se graduó. Luego entró a la universidad y volvió a graduarse.

Pero Rick quería correr. A los quince años le preguntó a su papá si podían participar en una carrera caritativa de ocho kilómetros. Dick no era corredor pero era padre, así que colocó a su hijo en una silla especial de tres ruedas y la emprendieron. Desde entonces no se detienen.

El joven Rick Hoyt depende de su padre para todo: Para levantarlo, empujarlo, pedalear con él y arrastrarlo. Aparte de un corazón dispuesto, no contribuye en nada al esfuerzo. Rick se apoya totalmente en la fortaleza de su padre.[1]

Dios quiere que usted haga lo mismo: «Para que todo el que cree en él no se pierda, sino que tenga vida eterna» (Jn 3:16).

En nuestra dieta espiritual de autosuficiencia la frase «que cree en él» no se digiere bien. «Cree en ti mismo» es la selección preferida en nuestro menú actual. La idea es hacer el mejor esfuerzo. Trabajar más tiempo. Excavar más hondo. La meta es depender de y confiar en nosotros mismos.

Además, nuestra virtud es la tolerancia. Creer «en él» suena exclusivista. ¿No es cierto que todos los caminos llevan al cielo? Llámense como sea, ¿islamismo, hinduismo, budismo o humanismo? La salvación viene en muchas formas, ¿no es así? Cristo viene por el otro carril en este asunto. La salvación la encontramos no en nosotros, sino *en Él*.

Aportamos a la carrera espiritual lo que Rick Hoyt aporta a la física. Nuestras piernas espirituales carecen de fuerza y coordinación. Nuestra fibra moral no tiene músculo. Nuestras buenas obras no pueden llevarnos a la meta final, pero Cristo sí puede. «Al que no trabaja, sino que cree en el que justifica al malvado, se le toma en cuenta la fe como justicia» (Ro 4:5).

Pablo no le asegura la salvación a los que tienen obras sino a los que confían; no a los corpulentos sino a los incapaces; no a los santos prósperos sino a los desempleados y a los que se declaran en bancarrota; a los que son como niños y se apoyan como Rick Hoyt en su padre. «Dios declara inocente al pecador, aunque el pecador no haya hecho nada para merecerlo, porque Dios le toma en cuenta su confianza en él» (Ro 4:5, BLS).

Traemos lo que Rick trae y Dios hace lo que Dick hace. Él asume la responsabilidad de principio a fin por sus hijos, por sus ovejas: «Yo les doy vida eterna, y nunca perecerán, ni nadie podrá arrebatármelas de la mano» (Jn 10:28).

Jesús reforzó esto con la negación más contundente del lenguaje, lo cual motivó a los traductores de la Biblia Amplificada a hacer la siguiente acotación: «Yo les doy vida eterna, y nunca perecerán. [Jamás serán destruidas de ningún modo por toda la eternidad], ni nadie podrá arrebatármelas de la mano» (Jn 10:28).

Los que somos padres entendemos la seriedad de Dios. Cuando nuestros hijos tropiezan no los desheredamos. Cuando caen no los echamos a un lado. Podremos castigarlos o reconvenirlos, pero ¿sacarlos de la familia? Imposible. Están conectados biológicamente a nosotros. Los que nacen con nuestro ADN morirán con él.

Nuestro Padre, Dios, establece la misma relación con nosotros. Al salvarnos recibimos «el derecho de ser hijos de Dios» (Jn 1:12). Él altera nuestro linaje, redefine nuestra ascendencia espiritual y al hacerlo asegura nuestra salvación. Para lograr su misión, nos sella con su Espíritu. «Cuando oyeron el mensaje de la verdad, el evangelio que les trajo la salvación, y lo creyeron, fueron marcados con el sello que es el Espíritu Santo prometido» (Ef 1:13). El alma sellada por Dios está a salvo.

Por un corto tiempo en la universidad trabajé en una planta de aspiradoras. Ensamblábamos esos electrodomésticos desde el conector hasta la manguera. La última etapa en la línea de ensamblaje se llamaba «sello y envío». Al llegar a ese punto la empresa había invertido una gran cantidad de horas y dólares en cada máquina y por eso se aseguraban de proteger bien su producto. Lo envolvían en plástico con burbujas, lo empaquetaban con espuma de poliestireno, envolvían la caja con cinta industrial, ponían un sello claramente impreso con el lugar de destino y la sujetaban con correas dentro del camión. Cada aspiradora quedaba bien asegurada, pero esto no se compara en lo más mínimo al cuidado que Dios tiene de sus santos. Dios nos sella prácticamente al vacío con el poder incomparable de su Espíritu. Él reviste a sus hijos con una armadura espiritual, nos rodea de ángeles y mora personalmente en nuestro interior. Ya quisiera sentirse tan segura la reina de Inglaterra.

Cristo pagó un precio demasiado alto para dejarnos desprotegidos, por eso nos ha dejado «sellados para el día de la redención» con su Espíritu Santo (Ef 4:30).

Esta certeza marca la diferencia.

Un piloto de la fuerza aérea me contó que un día se le olvidó sujetarse al asiento de su jet de alta propulsión. Había completado todos los pasos previos al despegue de principio a fin, pero le faltó abrocharse el cinturón. Su jet estaba configurado de tal modo que una vez en el aire, el cinturón no podía asegurarse. El mecanismo de expulsión de la aeronave implicaría la separación de su asiento, lo cual suponía que bajaría a tierra sin paracaídas a más de 190 kilómetros por hora. Eso le amargaría el rato a cualquiera. ¿Puede imaginarse el riesgo de volar un jet sin paracaídas?

Muchos corren ese riesgo día tras día, y la inseguridad sobre su destino eterno es lo que más les amarga el rato. Cristo es el único que garantiza un aterrizaje seguro. Haga un paralelo entre su oferta y las religiones del mundo. El judaísmo ve la salvación como una decisión del día del juicio basada en criterios morales. Los hinduistas anticipan reencarnaciones múltiples en el trasegar del alma por el cosmos.[2] El budismo califica la vida de cada persona según su apego a cuatro verdades nobles y ocho caminos excelentes. Los musulmanes se ganan el favor de Alá cumpliendo los deberes de los cinco pilares de la fe.[3] Muchos filósofos consideran que la vida de ultratumba es oculta y desconocida. Uno de ellos llamó a la muerte un paso hacia «el gran quizás»[4]; y otro «un salto en la oscuridad».[5]

Aparte de Jesús, nadie nos «abrocha el cinturón». Tal vez nos deslicemos, pero ciertamente no caeremos del asiento. De ahí la invitación a creer «en Él». No crea en usted, usted no puede salvarse. Tampoco crea en los demás, ellos no pueden salvarle.

Algunos historiadores ponen a Cristo en el mismo grupo de Moisés, Mahoma, Confucio y otros líderes espirituales, pero Jesús rechaza esa clasificación. Él declara: «Yo soy el camino, la verdad y la vida. Nadie llega al Padre sino por mí» (Jn 14:6). Él pudo ganarse unos puntos por corrección política diciendo: «Yo *conozco* el camino» o «Yo *muestro* el camino». Por el contrario, Él no alude a lo que hace sino a quien es: Yo *soy* el camino.

Sus seguidores rehusaron suavizar el tema y cambiar el centro de atención. Pedro anunció: «De hecho, en ningún otro hay salvación, porque no hay bajo el cielo otro nombre dado a los hombres mediante el cual podamos ser salvos» (Hch 4:12).

Muchos se echan para atrás ante tal absolutismo. Juan 14:6 y Hechos 4:12 suenan primitivos en esta era de banda ancha y mentes ensanchadas. El nuestro es un mundo cada vez más pequeño donde las culturas se mezclan y las fronteras se borran. Esta es la era del inclusivismo. ¿Cómo no? Si todos los senderos llevan al cielo.

¿De veras? El famoso lema ha demostrado ser útil para darles cuerda a los programas de opinión, pero ¿se ajusta a la realidad? ¿Pueden todas las aproximaciones a Dios ser correctas?

El Islam dice que Jesús no fue crucificado. Los cristianos están en desacuerdo. Ambos grupos no pueden tener la razón.

El judaísmo rechaza la declaración de Cristo como el Mesías.[6] Los cristianos la aceptan. Alguien está en un error.

Los budistas esperan alcanzar el Nirvana tras haber pasado por un mínimo de 547 reencarnaciones.[7] Los cristianos creen en una vida, una muerte y una eternidad dichosa con Dios. ¿Acaso no se excluyen mutuamente?

Los humanistas no reconocen que la vida haya sido creada, mientras Jesús afirma que es la fuente de la vida. Uno de los dos se equivoca.

Los espiritistas leen la palma de la mano. Los cristianos consultan la Biblia.

Los hinduistas perciben la existencia de un Dios impersonal y plural.[8] Los seguidores de Cristo creen «que hay un solo Dios» (1 Co 8:4). Ambos se contradicen.

Por encima de todo, cada religión del mundo dice: «Tú puedes salvarte a ti mismo». Jesús dice: «Mi muerte en la cruz te salva».

¿Cómo pueden todas las religiones llevar a Dios siendo tan diferentes? Nunca toleraríamos algo tan ilógico en otros contextos. Nadie hace de cuenta que todos los caminos conducen a Londres o que todos los navíos llegan a Australia. Tampoco todos los vuelos aterrizan en Roma. Imagine la reacción que tendría con un agente de viajes que le asegurara lo contrario. Usted le dice que necesita un vuelo a Roma, Italia, y busca la información en su pantalla.

—Bueno, hay un vuelo a Sydney, Australia, que sale a las seis de la mañana.

—¿Es el vuelo que va a Roma?

—No, pero incluye cena de lujo y varias películas.

—Pero yo necesito ir a Roma.

—Permítame sugerirle entonces Líneas Aéreas del Suroeste.

—¿Esa aerolínea tiene vuelos a Roma?

—No, pero se han distinguido mucho por su puntualidad.

A usted se le está agotando la paciencia.

—Necesito una aerolínea que me lleve a un solo lugar: Roma.

El agente parece ofendido.

—Señor, todos los vuelos van a Roma.

Usted sabe que no es así. Vuelos diferentes tienen destinos diferentes, aquí no se trata de ser tercos sino honestos. No todos los vuelos llegan a Roma. No todos los senderos conducen a Dios. Jesús se abrió paso por un camino nuevo y vivo, aparte de cualquier intento de salvación por justificación personal. Él estableció un pasaje único, despejado de todo esfuerzo humano. Cristo no vino por los fuertes sino por los débiles;

no por los justos sino por los pecadores. Es un camino al que accedemos mediante la confesión de nuestras necesidades, no con la presentación de nuestras obras. Él nos ofrece una invitación única en la que Él obra y nosotros confiamos, Él muere y nosotros vivimos, Él convida y nosotros creemos.

Creemos *en Él*. «Ésta es la obra de Dios: que crean en aquel a quien él envió» (Jn 6:29).

¿Creer en usted mismo? No. Crea en Él.

¿Creer en ellos? No. Crea en Él.

Y aquellos que lo hacen reciben su promesa, que «todo el que cree en él no se pierda, sino que tenga vida eterna» (Jn 3:16).

¿Cómo empezamos a creer? Hacemos lo que el joven Rick Hoyt hizo. Acudimos a nuestro Padre y le pedimos ayuda.

Cuando Dick y Rick Hoyt cruzan las líneas de meta, ambos reciben medallas de reconocimiento. Las listas de participantes oficiales en cada carrera incluyen los nombres de ambos. El padre hace la obra, pero el hijo participa de la victoria. ¿Por qué? Porque cree. Y porque cree, ambos celebran la llegada a la meta.

Espero que usted y su Padre tengan la misma celebración.

10

LA SORPRESA SUPREMA DEL INFIERNO

«…para que todo el que cree en él
no se pierda…»

El héroe del cielo es Dios. Los ángeles no adoran mansiones ni avenidas enchapadas en oro. Tampoco las puertas de perla ni los cimientos de joyas pusieron a cantar a las huestes celestes... solamente Dios. Su majestad despierta la pluma de los poetas del cielo y la admiración de sus ciudadanos.

Ellos disfrutan una respuesta eterna a la oración de David: «Una sola cosa le pido al SEÑOR... contemplar la hermosura del SEÑOR» (Sal 27:4). ¿Acaso existe algo mejor que ver? Los habitantes del cielo se maravillan para siempre de los pecados que Dios perdona, las promesas que cumple y los planes que ejecuta. Él no es el capitán del desfile; es el desfile. Él no es la atracción principal; es la única atracción. Su Broadway cuenta con un escenario y una estrella: Él mismo. Es el anfitrión y protagonista de la única producción e invita a todos los vivientes a asistir.

Él, en este mismo instante, manda millones de invitaciones por todo el mundo, las cuales susurra por medio de la bondad de los abuelos y vocea por altoparlante en la tempestad de un tsunami. De igual modo, en cada funeral nos enseña que la vida es frágil. Con la enfermedad nos recuerda que conoce el número de nuestros días. Dios nos habla en la naturaleza y en nuestro trato con los demás, en la dicha y también en la desgracia. Su invitación para todos sin excepción es: «Vengan, disfruten de mí para siempre».

El problema es que muchos no lo desean. No quieren tener nada con Dios. Él habla, ellos se tapan los oídos. Él manda, ellos lo desairan. No quieren que les diga cómo vivir. Ridiculizan lo que dice acerca del matrimonio, el dinero, la sexualidad o el valor de la vida humana. Tratan a su Hijo como un chiste y la cruz como locura total.[1] Se pasan la vida diciéndole a Dios que los deje en paz y, al llegarles su hora final, les concede su deseo: «Jamás los conocí. ¡Aléjense de mí, hacedores de maldad!» (Mt 7:23) Este versículo abre la puerta a la realidad más sombría del cristianismo: El infierno.

Ningún tema tiene mayor resistencia. ¿Quién quiere pensar en un castigo eterno? Preferimos volver casual el asunto con chistes sobre sus ocupantes o en alusiones triviales a ciertas situaciones y días calurosos. Es como una conspiración para minimizar o eliminar de plano la realidad del infierno.

Algunos prefieren esterilizar el asunto y catalogarlo como una imposibilidad moral.

«Ni siquiera yo considero que cualquier persona», dijo el ateo Bertrand Russell en tono desafiante, «con la mínima sensibilidad como ser humano, pueda creer en un castigo eterno».[2] Otros creen más comúnmente que un Dios de amor no mandaría gente al infierno. Cada vez son más los dirigentes religiosos que concuerdan. Martin Marty, historiador eclesiástico en la facultad teológica de la Universidad de Chicago, buscó el tema del infierno en los últimos cien años de publicaciones académicas y no encontró una sola referencia. «El infierno desapareció» fue su observación, «y nadie se dio cuenta».[3]

Es fácil entender por qué. El infierno es un tema tétrico. Cualquier persona que lo discuta a la ligera o lo proclame con candidez, obviamente no lo toma en serio. Los escritores de la Biblia empuñaron sus plumas con pesadumbre al describir con tinta indeleble su naturaleza. Hablan de «la más densa oscuridad» (Jud 13), «destrucción eterna» (2 Ts 1:9), «llanto y rechinar de dientes» (Mt 8:12).

Un vistazo al abismo no le alegrará el rato pero sí alumbrará su entendimiento de Jesús. Él no evitó la discusión. Todo lo contrario, pone un aviso de precaución entre usted y el infierno: *No se pierda*. «Para que todo el que cree en él no se pierda, sino que tenga vida eterna» (Jn 3:16).

Jesús habló con frecuencia del infierno. Trece por ciento de sus enseñanzas aluden al juicio eterno y el infierno.[4] Las dos terceras partes de sus parábolas tratan los temas de resurrección y juicio.[5] Jesús no fue cruel ni caprichoso pero sí fue franco, y su franqueza nos deja fríos.

Él habla en términos tangibles. «No teman», nos advierte, «a los que matan el cuerpo pero no pueden matar el alma. Teman más bien al que puede destruir alma y cuerpo en el infierno (Mt 10:28). Él cita al hombre rico rogando desde el Hades que Lázaro «moje la punta de su dedo en agua, y refresque mi lengua» (Lc 16:24, RVR 1960). Las palabras *dedo* y *lengua* presuponen un estado físico extremo en que la garganta reseca pide agua y una persona implora alivio físico.

Los apóstoles dijeron que Judas Iscariote se fue «al lugar que le correspondía» (Hch 1:25). La palabra griega es *topos*, que se refiere a un lugar geográfico.[6] Jesús describe el cielo con el mismo sustantivo: «En la casa de mi Padre muchas moradas hay... voy, pues, a preparar lugar para vosotros» (Jn 14:2, RVR 1960). El infierno, como el cielo, es un lugar y no un estado mental. Tampoco es una dimensión metafísica con espíritus nebulosos sino un lugar real habitado por seres reales.

Es una noción lúgubre. Dios ha puesto en cuarentena un confín dentro de su vasto universo como la penitenciaría para los de duro corazón.

¿Dónde está el infierno exactamente? Jesús da una pista escalofriante: *Afuera*. «Entonces el rey dijo a los sirvientes: "Átenlo de pies y manos, y échenlo afuera, a la oscuridad, donde habrá llanto y rechinar de dientes"» (Mt 22:13). ¿Afuera de qué? Afuera del cielo, eso sí es seguro. Abraham, estando en el paraíso, dijo al hombre rico en medio de su tormento:

«Además de todo esto, una gran sima está puesta entre nosotros y vosotros, de manera que los que quisieren pasar de aquí a vosotros, no pueden, ni de allá pasar acá» (Lc 16:26, RVR 1960). No hay excursiones ni viajes de intercambio entre el cielo y el infierno. Tampoco vacaciones ni días feriados. El infierno y el cielo son tan lejanos como el borde del universo y la tierra, totalmente fuera de alcance.

El infierno también está afuera de una posible conclusión definitiva. Es decir, cuánto quisiéramos que el castigo del infierno terminara, que Dios programara una fecha de extinción perenne. El lenguaje en el Nuevo Testamento motiva a algunos eruditos piadosos a creer que lo hará.

Teman más bien al que puede destruir alma y cuerpo en el infierno (Mt 10:28).

El que cree en él no se *pierda* (Jn 3:16).

Destrucción. Perdición. ¿No implican estas palabras ponerle un fin al sufrimiento? Ya quisiera poder confirmarlo. No hay un punto en el que más gusto me daría estar equivocado que la duración eterna del infierno. Si Dios extingue a los malvados en el día postrero, celebraré mi lectura incorrecta de sus palabras, pero la noción de aniquilación no parece ser respaldada por las Escrituras. Dios ratifica la seriedad de sus advertencias con términos sin término. Considere la descripción que hace Juan de los impíos en Apocalipsis 14:11: «El humo de ese tormento sube por los siglos de los siglos. No habrá descanso ni de día ni de noche». ¿Cómo es posible que un alma aniquilada no tenga descanso ni de día ni de noche?

Jesús parte del paralelo entre infierno y *gehena*, un basurero que estaba afuera de los muros de Jerusalén al suroeste, el cual se caracterizaba por la putrefacción y quema constante de desperdicios. Gehena ilustra la realidad del infierno, el lugar «donde su gusano no muere, y el fuego no se apaga» (Mc 9:48). Un gusano que no muere y llamas que no se apagan. Estas son imágenes que aluden a algo que se consume de manera continua. Cuando Jesús habla de los pecadores condenados dice que «se les echará afuera, a la oscuridad, donde habrá llanto y rechinar de dientes» (Mt 8:12). ¿Cómo es posible que una persona inexistente llore o rechine los dientes?

Jesús describe la duración del cielo y el infierno con el mismo adjetivo: *Eterno*. «Aquéllos irán al castigo eterno, y los justos a la vida eterna» (Mt 25:46). El infierno dura tanto como el cielo. Quizás tenga una puerta trasera o un día de grado, pero yo no los he encontrado.

Son muchas las cosas que perecen en el infierno. La esperanza. La felicidad. Pero el cuerpo y el alma de los que niegan a Dios permanecen afuera. Afuera del cielo, ajenos a toda esperanza y fuera del alcance de la bondad de Dios.

Ninguno de nosotros ha visto un mundo tan carente de bondad. Hasta en los recodos más viles de la humanidad se conoce la gracia de Dios. La gente que no quiere nada con Dios aún goza de sus beneficios. Adolfo Hitler contempló la belleza de los Alpes. Saddam Hussein disfrutó la alborada en el desierto. El dictador, el pederasta, el violador y el narcotraficante, todos disfrutan la gracia común de la bondad de Dios. Oyen la risa de los niños, disfrutan el sabor de la comida y llevan el ritmo de una buena canción. Niegan a Dios pero todavía gozan su benevolencia.

Sin embargo, estos privilegios son confiscados en la entrada al infierno. Los malhechores «sufrirán el castigo de la destrucción eterna, lejos de la presencia del Señor y de la majestad de su poder» (2 Ts 1:9). En el infierno se desconocen las bondades del cielo y ni siquiera caen migajas del banquete divino. La única risa que oye el impenitente es maléfica, los únicos deseos que conoce son egoístas. Como lo describe el profesor escocés James Denney, los que rechazan a Dios «pasan a una noche que nunca despierta al alba».[7] El infierno es la peor sociedad que podría imaginarse.

Lo más trágico de todo es que el infierno está definido por lo peor que hay en cada individuo. Saca a la superficie la fealdad y amplifica los rasgos más innobles porque anula cualquier freno a los apetitos. Por ejemplo, los que se preocupan estarán siempre ansiosos y jamás hallarán la paz. Los ladrones robarán y nunca tendrán suficiente. Los borrachos y los glotones sentirán ganas de calmar su voracidad febril y ninguno será satisfecho. Recuerde que el infierno es un lugar donde «su gusano no muere» (Mc 9:48). Como lo expresó un escritor: «El incrédulo no solamente va a estar en el infierno, el infierno también estará dentro de él».[8]

La muerte congela el compás de la moralidad, por eso sus habitantes se quedarán tal como entren al infierno. Apocalipsis 22:11 parece recalcar el carácter impenitente de los malvados en el infierno: «Deja que el malo siga haciendo el mal y que el vil siga envileciéndose». Los impíos siguen sin piedad, los aborrecedores de Dios siguen sin Dios.

El infierno no es una correccional ni un reformatorio. Sus habitantes no oyen represiones de padres, sermones con reprimendas ni la convicción del Espíritu Santo, ni la voz de Dios, ni la voz del pueblo de Dios. Pásese la vida acallando a Dios y un día guardará silencio total. Dios respeta nuestra petición de sosiego y ceguera.

El infierno es el lugar destinado a los insurrectos, es el Alcatraz de los ingratos. El infierno está reservado, no para aquellas almas que buscan a Dios aunque luchan y tienen dificultades, sino para aquellos que desafían a Dios y se rebelan. Está reservado para los que dicen acerca de Jesús: «No queremos a éste por rey» (Lc 19:14). Así pues, en la expresión máxima de ecuanimidad en la historia, Dios honra su predilección. «Tan cierto como que yo vivo —afirma el SEÑOR omnipotente—, que no me alegro con la muerte del malvado, sino con que se convierta de su mala conducta y viva» (Ez 33:11). La voluntad de Dios es que ninguno perezca, pero el hecho de que algunos perezcan deja en evidencia la justicia de Dios. Dios debe castigar el pecado. «Nunca entrará en ella nada impuro, ni los idólatras ni los farsantes, sino sólo aquellos que tienen su nombre escrito en el libro de la vida, el libro del Cordero» (Ap 21:27).

Dios, que es inherentemente santo, *debe* excluir el mal de su nuevo universo. Dios, cuya gracia es eterna, *jamás* impone su voluntad a la fuerza. Él insta a los amotinadores para que permanezcan a bordo pero nunca los ata al mástil. C. S. Lewis escribió: «Yo estoy dispuesto a creer que los condenados son, en cierto sentido, rebeldes exitosos hasta el final; que las puertas del infierno tienen puesto el candado por dentro».[9] ¿Cómo podría un Dios amoroso enviar pecadores al infierno? No es él quien lo hace. Ellos se ofrecen voluntariamente.

Además, tan pronto llegan no quieren irse. Los corazones de los necios condenados jamás se ablandan y sus mentes nunca cambian. «Y los hombres se quemaron con el gran calor, y blasfemaron el nombre de Dios, que tiene poder sobre estas plagas, y no se arrepintieron para darle gloria» (Ap 16:9, RVR 1960). Esto refuta la noción de que la estadía en el infierno produce remordimiento. Lo que hace es intensificar la blasfemia.

¿Recuerda al hombre rico atormentado? Podía ver el cielo pero no solicitó ser sacado del infierno. Quería que Lázaro descendiera donde él estaba. ¿Por qué no preguntó si podía acudir a Lázaro? El hombre rico se quejó de sed, no de injusticia. Quería agua para el cuerpo, no agua para el alma. Hasta anhelar a Dios es un regalo divino, y donde no se experimenta la bondad de Dios tampoco se le anhela. Aunque toda rodilla se doblará ante Dios y toda lengua confesará su preeminencia (Ro 14:11), los de corazón duro lo harán sin rendir adoración genuina. En el infierno no habrá ateos (Fil 2:10-11), pero tampoco habrá gente que busque a Dios.

De todas maneras nos preguntamos, ¿será justo el castigo? Un castigo de tal magnitud parece incompatible con un Dios de amor, ¿será una reacción innecesaria y exagerada? La rebelión de un pecador no justifica una eternidad de sufrimiento, ¿o acaso sí?

Yo fui acusado una vez de lo mismo. Hace unos años, cuando mis hijas eran pequeñas, nos topamos con un comprador impaciente en una tienda. Mis tres niñas estaban seleccionando unos bizcochos en la vitrina de donas, y como al tipo le pareció que no se decidían con suficiente rapidez se inclinó por encima de sus hombros y dijo casi ladrando: «Apúrense niñas, se están demorando mucho». Yo alcancé a oírlo, noté su actitud burlona y lo abordé. «Mire señor, estas son mis hijas y ellas no se merecen ese trato. Tiene que disculparse».

El hombre minimizó la ofensa: «Lo que hice no fue tan malo».

¿Cuál fue mi reacción? Ese veredicto no le correspondía a él. Mis hijas habían sido lastimadas por él, ¿quién se creía para cuestionar mi reacción? ¿Quiénes nos creemos para cuestionar la de Dios? Sólo Él conoce toda la historia y la cantidad de invitaciones suyas que los escarnecedores y obstinados han rechazado, así como las falsedades que han proferido.

¿Acusar a Dios de injusticia? Él ha puesto toda clase de advertencias en el espacioso camino que lleva a la perdición, y millones de banderitas rojas en la entrada del infierno. Para bajar por sus escaleras uno tendría que taparse los oídos, cubrirse los ojos y por encima de todo, ignorar el sacrificio épico de la historia: Cristo en el infierno de la separación total de Dios, colgado en la cruz de la humanidad y clamando al cielo ensombrecido: «Dios mío, Dios mío, ¿por qué me has desamparado?» (Mt 27:46). Es más fácil recolectar los océanos con una jarra que describir ese sacrificio con palabras, pero este es un intento: Dios, que aborrece el pecado, desató su ira sobre su Hijo, que cargó con todo el pecado. Cristo, que nunca pecó, soportó el abandono terrible del infierno. La sorpresa suprema del infierno es esta: Cristo fue allá para que a usted no le toque. Sin embargo, el infierno no le pudo contener. Él se levantó, no solamente de entre los muertos, sino de las profundidades: «Para destruir por medio de la muerte al que tenía el imperio de la muerte, esto es, al diablo» (Heb 2:14, RVR 1960).

Cristo emergió del dominio de Satanás con esta declaración: «Tengo las llaves de la muerte y del Hades» (Ap 1:18, RVR 1960). Él es el guardián de la eternidad. La puerta que abre y ninguno cierra, y la puerta que cierra y ninguno abre (Ap 3:7).

Gracias a Cristo, esta tierra puede ser lo más cerca que usted va a estar al infierno.

Pero aparte de Cristo, esta tierra es lo más cerca que podrá estar al cielo.

Un amigo me contó acerca de las últimas horas de su tía en la tierra. La mujer vivió sin temor de Dios ni respeto por su

Palabra. Era una atea. Hasta en sus últimos días prohibió que le hablaran de Dios o la eternidad. Únicamente su Hacedor conoce sus últimos pensamientos o su destino eterno, pero su familia oyó sus últimas palabras. A escasas horas de la muerte, apenas consciente de su entorno, abrió los ojos. Se dirigió a un rostro visible únicamente para ella y dijo en tono desafiante: «¿Que no me conoces? ¿No me conoces?»

¿Será que oyó el pronunciamiento que hace Cristo a los malhechores: «Jamás los conocí. ¡Aléjense de mí, hacedores de maldad!» (Mt 7:23)?

Compare esto con la experiencia de un seguidor de Cristo. El hombre moribundo no le ocultó a nadie su fe ni su anhelo de ir al cielo. Dos días antes de sucumbir al cáncer despertó de un sueño profundo y le dijo a su esposa: «Estoy viviendo en dos realidades. No tengo permitido contártelo. Hay otros presentes en esta habitación». Además, el día de su muerte abrió los ojos y preguntó: «¿Acaso soy especial? ¿Por qué me han concedido ver todo esto?»

La muerte se enfrenta con temor o fe, con pavor o gozo. «Para que todo el que cree en él no se pierda», es la oferta que Dios nos hace. Elijamos bien.

11

Qué hace celestial al cielo

«...sino que tenga vida eterna»

En una de sus tiras cómicas de la famosa serie *Far Side*, Gary Larson dibujó a un hombre alado que estaba en el cielo, sentado en una nube. No se ve a nadie más. Sin nada que hacer. El hombre va flotando a la deriva en su paradero celestial. La leyenda describe así su desesperación: «Ojalá hubiera traído una revista».[1]

Podemos identificarnos. ¿Vida *eterna*? Con nubes por todos lados, arpas en nuestros regazos y tiempo de sobra o mejor dicho, sin tiempo. Para siempre y siempre. Sin interrupción. Una cantata perpetua. Un himno con un coro y un sinnúmero de estrofas más. ¿Será eso y nada más? «Comparado con las torturas del infierno» declaró Isaac Asimov, «el aburrimiento del cielo tiene que ser peor».[2]

Quizá usted tenga reservas similares y no las exprese, pero le inquietan. ¿Será el cielo como lo imaginamos? ¿Será el cumplimiento de todas las promesas? Jesús nos da una respuesta reconfortante:

No se angustien. Confíen en Dios, y confíen también en mí. En el hogar de mi Padre hay muchas viviendas; si no fuera así, ya se lo habría dicho a ustedes. Voy a prepararles un lugar. Y si me voy y se lo preparo, vendré para llevármelos conmigo. Así ustedes estarán donde yo esté (Jn 14:1-3).

Las películas nos han desinformado por completo. Las imágenes de neblina que llega hasta las rodillas, amigos incorpóreos y espíritus flotantes podemos archivarlas. Jesús se fue a prepararnos *un lugar*. Como el infierno, el cielo es tangible y palpable, tan real como la tierra de su jardín, tan físico como los frutos de su huerta. De hecho, usted tal vez reconozca su fruta y su jardín en el cielo.

Muchos suponen que Dios destruirá este universo y reubicará a sus hijos, pero ¿por qué haría algo así? Cuando Dios creó los cielos y la tierra, aplaudió la obra de sus manos. Dios hizo y después vio:

La luz… y consideró que era buena.

El mar… y consideró que era bueno.

La hierba… y consideró que era buena.

El sol… la luna… muy buenos (Gn 1).

La creación sacó las mejores calificaciones. Puntaje excelente, calidad inmejorable. «Y vio Dios todo lo que había hecho, y he aquí que era bueno en gran manera» (v. 31, RVR 1960).

¿Por qué obliterar una obra de arte? Dios nunca denunció su creación sino el trato incorrecto que le hemos dado. Además, Él es el Dios de la restauración, no del exterminio. Él reclama, recupera y renueva. Espere y lo verá, Dios va a reclamar y renovar cada centímetro cuadrado de lo que es suyo por derecho propio. «Les aseguro —respondió Jesús— que en la renovación de todas las cosas, cuando el Hijo del hombre se siente en su trono glorioso, ustedes que me han seguido se sentarán también» (Mt 19:28).

¿Qué hacemos entonces con las advertencias acerca de la destrucción del planeta? Pedro y Juan emplean terminología de alto calibre que parece aludir a bombas atómicas: «Los cielos desaparecerán con un estruendo espantoso, los elementos serán destruidos por el fuego, y la tierra, con todo lo que hay en ella, será quemada… los cielos pasaron… ya no existía más» (2 P 3:10; Ap 21:1). ¿Entonces este planeta no será destruido? Sí, pero destrucción no implica necesariamente eliminación. Nuestros mismos cuerpos son un prototipo. Fallecerán y volverán al polvo, pero Aquel que llamó a Adán del polvo hará lo mismo con nosotros. Cristo revertirá la descomposición con resurrección. Los aminoácidos serán regenerados. Los pulmones serán despertados. Las moléculas se reconectarán. El cuerpo mortal se vestirá de inmortalidad (1 Co 15:53).

Lo mismo va a suceder con la tierra. Pablo dice que «toda la creación todavía gime a una, como si tuviera dolores de parto» (Ro 8:22). Como una madre dando a luz, la naturaleza anticipa el día de su alumbramiento. Nosotros vemos algunos dolores de parto como inundaciones, volcanes, terremotos, pero también contribuimos a ellos con la contaminación de la atmósfera y la explotación de la corteza terrestre. La creación de Dios lucha pero no lo hará para siempre. Él purgará, limpiará y reconstruirá su cosmos. En la renovación de todas las cosas fluirá la pureza prístina que prometió el Edén.

Dios nos concede vislumbres de aquel futuro glorioso. El mirador terrestre que diseñó nos permite ver atardeceres dorados, un cielo lleno de estrellas refulgentes y un arco iris matizado de tanto ensueño que nos toca detenernos a suspirar. Aperitivos del cielo.

Por supuesto, nada se compara con la corona de la restauración divina: La Nueva Jerusalén. Cristo descenderá en una ciudad de belleza espectacular que Juan intentó describir: «Vi además la ciudad santa, la nueva Jerusalén, que bajaba del cielo, procedente de Dios, preparada como una novia hermosamente vestida para su prometido» (Ap 21:2). La Biblia nos revela sus dimensiones pasmosas: Un cuadrado exacto de 2.200 kilómetros en cada lado (v. 16). De tamaño suficiente para contener todo el territorio que se extiende desde los Apalaches hasta la costa de California y de Canadá hasta México. Cuarenta veces el tamaño de Inglaterra, diez veces el tamaño de Francia y más grande que la India. Apenas estamos hablando del área.

La ciudad es tan alta como ancha. Si la metrópolis de Dios va a tener pisos como los que un arquitecto coloca en un edificio, la ciudad tendrá más de 600 mil pisos, espacio suficiente para el domicilio y tránsito de miles de millones de habitantes.

Los habitantes de la Nueva Jerusalén podrán entrar y salir a su gusto por las puertas que nunca se cierran (v. 25), ya que los enemigos de Dios serán desterrados por completo y de ese modo quedará únicamente un lugar perfecto para gente perfeccionada.

Usted seguirá siendo la mejor versión suya para siempre. Incluso ahora tiene sus buenos momentos, vislumbres ocasionales de su identidad celestial. Cuando cambia el pañal de su bebé, le perdona el mal genio a su jefe y tolera el temperamento voluble de su cónyuge, usted muestra rasgos de santidad. Los demás momentos son los que le amargan la vida. Aquellos en que su lengua está más afilada que una cuchilla de afeitar. Cuando su estado de ánimo es tan impredecible como los movimientos telúricos del Monte Saint Helens. Esta es la parte que le aqueja y desgasta.

Pero Dios decomisa las imperfecciones en su puerta. Su luz aplaca el hombre lobo que llevamos por dentro. «Nunca entrará en ella nada impuro» (v. 27). Haga una pausa y sumérjase en esta promesa hasta rezumar. ¿Puede imaginar su existencia libre de pecado?

Tan solo piense en lo que el diablo le ha quitado, incluso en las últimas horas. Tal vez se haya preocupado por alguna decisión, sintió envidia del éxito de otra persona, trató de evitar una conversación o se ofendió por alguna nimiedad. El enemigo le ha acechado todo el día y ha aprovechado cada oportunidad para robarle la paz, el gozo, las carcajadas y las expresiones genuinas de amor. Como el rufián que es.

Pero tiene los días contados. A diferencia de lo que hizo en el huerto de Edén, Satanás no va a pasearse por los jardines del cielo. «No habrá más maldición» (22:3, RVR 1960). Como no va a tentar, usted tampoco va a tropezar. «Y el mundo pasa, y sus deseos; pero el que hace la voluntad de Dios permanece para siempre» (1 Jn 2:17, RVR 1960).

¡Usted estará en sus mejores condiciones para siempre!

Además, disfrutará la compañía de todos los demás en su mejor condición posible. En el estado actual de las cosas, alguno de nosotros siempre da un paso atrás. El mal genio afecta hasta a las mejores familias. Las quejas ensombrecen los días más despejados. Aquí las manzanas podridas dañan a las demás, pero en el cielo no hay una sola fruta mala. Cristo habrá completado su obra redentora, extrayendo todos los chismes y extirpando todos los celos. Él succionará hasta la última gota de pertinacia en cada rincón de nuestra alma. A usted le encantará el resultado. Nadie dudará de su palabra, cuestionará sus motivos ni hablará a sus espaldas. La purga del pecado que hará Dios pondrá fin a toda riña.

¿Nos atrevemos a imaginar las dramáticas reuniones que habrá en el cielo?

- Un soldado recibe de brazos abiertos al francotirador que lo mató.
- Una hija ve a su padre que la maltrató antes de arrepentirse, y lo abraza.
- Un hijo se encuentra con la madre que lo abortó. ¿Será posible? No lo dudo, y cuando suceda, el perdón fluirá como las cataratas del Iguazú.

«El lobo vivirá con el cordero» (Is 11:6). «Enjugará Dios toda lágrima… y ya no habrá muerte, ni habrá más llanto, ni clamor, ni dolor; porque las primeras cosas pasaron» (Ap 21:4, RVR 1960).

La ausencia de pecado significa que no habrá ladrones, ni divorcio, ni corazones partidos ni aburrición. Usted no se va a aburrir en el cielo porque no va a ser el mismo *usted* en el cielo. El aburrimiento brota en suelos que no se admiten en el cielo, como el suelo del cansancio (nuestros ojos se agotan), el suelo de las limitaciones mentales (la sobrecarga de información nos abruma), el suelo del egocentrismo (perdemos el interés cuando dejamos de ser el centro de atención), y el suelo del tedio (las actividades sin sentido nos quitan el vigor).

El diablo se llevará consigo al infierno todos esos suelos con la maleza que producen, y usted quedará estrenando mente aguda, enfoque inagotable y tareas para honrar a Dios.

Sí, usted tendrá tareas en el cielo. Dios les asignó responsabilidades a Adán y Eva sobre el huerto cuando dijo: «Que tenga dominio» (Gn 1:26). La primera pareja fue investida con un manto de señorío «sobre los peces del mar, y sobre las aves del cielo; sobre los animales domésticos, sobre los animales salvajes, y sobre todos los reptiles que se arrastran por el suelo» (v. 26). Dios puso a Adán en el huerto de Edén «para que lo labrara y lo guardase» (2:15, RVR 1960).

Adán y sus descendientes volverán a honrar a Dios de esa manera: «Y sus siervos le servirán» (Ap 22:3, RVR 1960). El servicio a Dios se define como una actividad responsable, y los que sean fieles a pequeña escala regirán sobre mucho (Mt 25:21).

Tal vez a usted le toque supervisar la órbita de un sistema planetario distante, diseñar un mural en la ciudad nueva o monitorear el desarrollo de una nueva especie vegetal o animal. «Lo dilatado de su imperio y la paz no tendrán límite» (Isa. 9:7, RVR 1960). El nuevo mundo de Dios se caracterizará por la expansión. Lo más probable es que descubramos más planetas, más colores, más posibilidades musicales, más, más y más. ¿Qué otra cosa haría un creador excepto crear?

¿Y qué más harían sus hijos aparte de servirle dichosos? Quizá sirvamos entonces en nuestras capacidades actuales en la tierra que bien podrían ser prototipos de las ocupaciones celestiales. Los arquitectos de Moscú podrían trazar planos en la nueva Liverpool. Tendremos banquetes en el cielo, tal vez usted sea nombrado chef en Saturno. Dios llenó su primer huerto de plantas y animales. Seguramente hará lo mismo en el cielo, y tal vez lo ponga a cargo de la distribución de alimentos en el nuevo continente africano.

Algo sí es muy cierto: Le va a fascinar. Jamás experimentará tedio, egoísmo ni derrota. Con mente clara, músculos incansables y gozo impertérrito. El cielo es un lugar perfecto para gente perfeccionada en comunión con nuestro Señor perfecto. «Oh profundidad de las riquezas de la sabiduría y de la ciencia de Dios! ¡Cuán insondables son sus juicios, e inescrutables sus caminos!» (Ro 11:33, RVR 1960).

No crea que obtendremos automáticamente un conocimiento total de Dios. Nos aguardan atributos de la majestad sinfín. Su gracia nos seguirá dejando boquiabiertos, su sabiduría nos maravillará cada rato y veremos su perfección cada vez más nítida.

Servimos a un Dios tan asombroso que contemplar y apreciar sus maravillas requiere una eternidad. Es un Dios cuya belleza aumenta a medida que nos acercamos, de ahí la invitación que nos hace: «Y si me voy y se lo preparo, vendré para llevármelos conmigo. Así ustedes estarán donde yo esté» (Jn 14:3).

Juan Todd era muy joven cuando la muerte de sus padres lo dejó huérfano. Tenía varios hermanos, y como era común a principios del siglo diecinueve, todos los hijos fueron repartidos entre familiares. Una tía se ofreció a cuidar del pequeño Juan. Mandó a un criado llamado César a que le trajera a Juan. El niño se montó en el caballo, se sujetó al hombre y emprendió el viaje hasta la casa de su tía. Las preguntas que le hizo al criado hicieron evidentes sus temores y reservas.

—¿Ella va a estar en casa?

—Claro que sí —le aseguró César—, va a estar pendiente de tu llegada.

—¿Me va a gustar vivir con ella?

—Mira pequeño, estás en buenas manos.

—¿Y ella me va a querer?

El criado fue paciente y afable en su respuesta.

—Ella tiene un corazón grande.

—¿Cree que se irá a dormir antes que lleguemos?

—No, ella está esperando tu llegada expresamente. Lo verás tan pronto pasemos este bosque espeso. Vas a ver la vela que puso en su ventana.

Tal como dijo, al aproximarse a la casa Juan vio la vela en la ventana y su tía junto a la puerta. Cuando él se acercó tímidamente al umbral, ella bajó los escalones, lo besó y le dijo:

—Bienvenido a casa.

El joven Juan Todd creció bajo el cuidado de su tía, que fue una madre para él. Cuando le llegó el tiempo de elegir una profesión, siguió su llamado a ser pastor. Años más tarde, los papeles se alternaron cuando se quebrantó la salud de su tía, que esperaba morir en cualquier momento. Esto es algo que él le escribió:

Mi amada tía:

Hace unos años dejé un hogar fragmentado por la muerte sin saber cuál sería mi suerte, si alguien cuidaría de mí o si era el fin de mi existencia. El viaje fue largo pero el criado me alentó. Por fin llegué para recibir tu abrazo y un nuevo hogar. Tú me estabas esperando y yo me sentí seguro. Cuidaste de mí en todo sentido.

Ahora es tu turno. Te escribo para que sepas que hay alguien esperándote en el umbral, que tu morada está preparada y lista, la luz está encendida, la puerta está abierta y te van a dar la bienvenida a tu nuevo hogar.[3]

A usted también. Jesús le está preparando un lugar especial. Un lugar perfecto lleno de personas perfeccionadas, bajo la supervisión de nuestro Señor perfecto, quien en el momento preciso vendrá y le llevará a su hogar.

12

EL PUNTO FINAL
SOBRE LA VIDA

«...sino que tenga *vida* eterna»

Un amigo de mi pueblo de origen, en el occidente de Texas, me contactó para darme una gran noticia: «Mi papá vio el nombre de tu mamá en un registro de propiedades no reclamadas en el periódico local».

No me pude imaginar qué podría ser. Mi papá murió hace años y mi mamá vive cerca de mi hermana en Arkansas. Su casa ya la habíamos vendido y que yo supiera no éramos dueños de nada en el pueblo. «¿Una propiedad no reclamada?»

—Seguro que sí, el municipio tiene la obligación de publicar una lista con los nombres de los dueños legítimos de estos bienes y propiedades.

—No me digas.

—Te voy a mandar la información para que te pongas en contacto.

Eso fue un domingo, y la información que mandó mi amigo llegó el martes, así que tuve casi cuarenta y ocho horas para imaginarme qué habrían podido acumular mis padres todo ese tiempo sin que sus hijos se dieran por enterados. Al principio no tuve ni la menor idea. La gran depresión volvió muy ahorrativos a mis padres, que hacían con cada dólar lo que hacen las boas con las ratas: Exprimirlas hasta el último suspiro.

Por otro lado, mi papá trabajó como mecánico en campos petroleros y había un sinnúmero de hoyos exploratorios en esa región. ¿Será que algún petrolero lo convenció de invertir unos dolaretes en un pozo con potencial? Tal vez se aguantó las ganas de contárselo a mi mamá para que ella no fuera a contarnos, y el pozo se había aguantado lo suficiente antes de dispararse. La apertura de un caño petrolífero significa millones y millones de barriles de oro negro cortesía del período Devónico. Adivine quién se menciona como uno de los primeros inversionistas, ni más ni menos que Jack Lucado. ¿Y quién es uno de sus herederos?

Mi imaginación iba como un fórmula uno en plena carrera. *Esto podría ser inmenso.* El domingo por la noche ya había financiado la educación de todos mis nietos que ni siquiera han nacido. El lunes puse fin al hambre en todo el mundo. El martes, mientras revisaba mi correo electrónico, estaba resolviendo la crisis del sida. Cuando marqué el número del juzgado municipal la funcionaria se acordó de mi mamá y afirmó, con entusiasmo mal disimulado: «Estábamos esperando su llamada».

La oí mover unos papeles y decir entre dientes: «¿Dónde puse ese cheque?»

¿Cheque? Tragué saliva. Saqué una calculadora de mi escritorio y apresté mis dedos. «¡Aquí está», exclamó mientras volvía a ponerse el auricular. «Parece que le debemos un dinero a su mamá. Válgame, esto lleva muchos años aquí».

Hice un redoble de tambores con mis dedos sobre el escritorio.

«Veamos, señor Lucado, ¿a dónde quiere que le enviemos el cheque?»

Le di una dirección y esperé.

Ella continuó: «Parece que le debemos a su mamá tres cincuenta».

¿Dijo trescientos cincuenta millones? Yo me enderecé en el asiento. Tal vez quiso decir trescientos cincuenta mil. *Como sea, te luciste papá.*

«Sí señor, su mamá pagó más de la cuenta en su último recibo del agua, le debemos un total de tres dólares y cincuenta centavos. ¿Quiere que le envíe hoy el cheque?»

«Seguro… gracias. Póngalo en el correo».

Algunas esperanzas nos dejan viendo chispas. Hay expectativas que corcovean hasta que finalmente sacan la mano. ¿Recuerda el novio heroico y enamorado que luego le partió el corazón con sus indiscreciones? ¿O el ascenso laboral que lo dejó metido en un cubículo del sótano? ¿O la aventura transcontinental para «encontrarse a sí mismo»? Cómo no, al regresar se encontró con menos amigos y el alquiler más caro.

Cada persona tiene sueños pendientes: «Si tan solo encontrara pareja... si tuviera una buena carrera... o aquel Mustang modelo 65 de color rojo». La única barrera entre usted y la dicha es un simple «si tan solo» que a veces logra cruzar: Encuentra su pareja, se desempeña en su carrera, conduce el Mustang y... suspira mientras cuenta los tres con cincuenta.

La vida tiene sus desencantos, ¿cómo sabemos que Cristo no lo será? Hablemos con franqueza. ¿Se atreve a creer que Él da lo que promete? Vida. Vida eterna. «Que todo el que cree en él no se pierda, sino que tenga vida eterna» (Jn 3:16). Ya vamos llegando a la última estación. Tras recorrer el itinerario de la ruta 3:16, necesitamos detenernos a meditar en una palabra más: *Vida*.

Las cervecerías ofrecen vida en sus lúpulos. Los perfumistas prometen vida nueva para su romance. No vaya a confundir el zafiro de Dios con baratijas.

Jesús ofrece *zoe*, la palabra griega que describe la clase de vida que Dios tiene.[1] A diferencia de *bios* que significa vida por extensión, *zoe* es vida con intención. Jesús no habla de la vida en términos de duración sino de intensidad, calidad, vitalidad, energía y realización. Aquello que la pareja, el coche deportivo o el cheque sorpresa jamás lograron, Cristo nos dice: «Yo sí puedo». A usted le va a encantar el resultado, pues Cristo empieza por reconectar su alma a Dios.

Lo que Dios brindó a Adán y Eva, nos lo encomienda a usted y a mí: Un alma. «Entonces Jehová Dios formó al hombre del polvo de la tierra, y sopló en su nariz aliento de vida, y fue el hombre un ser viviente» (Gn 2:7, RVR 1960).

¿Así que usted no es un simio bípedo? ¿Un accidente químico? ¿Una sorpresa atómica? De ningún modo. Usted porta el aliento de vida de Dios mismo. Él exhaló para incorporarse a usted y convertirle en «un ser viviente» (v. 7).

La palabra hebrea que se traduce aquí como «ser» es *nephesh*, la cual aparece más de 750 veces en la Biblia. A veces se refiere a la fuerza vital presente en todas las criaturas, pero en el contexto de la persona *nephesh* se refiere a nuestra alma.[2]

Su alma le distingue de toda la población del zoológico. Dios dotó al camello con una giba y a la jirafa con un cuello increíble, pero reservó su hálito de vida, su propia alma, para usted. Usted es el portador de su sello personal. Usted hace cosas que Dios hace, como pensar, cuestionar y reflexionar. Usted diseña edificios, establece rutas marítimas y se conmueve cuando sus hijos dicen el abecedario. Usted, al igual que Adán, tiene un alma.

Además, como Adán, también ha usado su alma para desobedecer a Dios. El mandato de Dios a la pareja original incluye la primera referencia a la muerte en la Biblia: «Pero del árbol del conocimiento del bien y del mal no deberás comer. El día que de él comas, ciertamente morirás» (v. 17).

Mi hija Andrea, cuando estaba en la primaria, me hizo una pregunta universitaria: «Papá, si Dios no quería que comieran de ese árbol, ¿por qué lo puso ahí?» La mejor respuesta que tengo es que nos acordemos de quién creó a quién. Cuando tratamos de canjear roles con Dios y decirle que podemos comer (pensar, decir, hacer, controlar, adueñar, lastimar, inhalar, ingerir, exigir) cualquier cosa que queramos, sufrimos dos muertes. A Adán y a Eva les pasó. Murieron físicamente, cuando les llegó la hora, y espiritualmente de forma instantánea.

Vuelva a leer la advertencia de Dios: «*El día* que de él comas, ciertamente morirás» (v. 17). El pecado trajo como resultado la muerte inmediata de Adán y Eva. Pero, ¿qué clase de muerte? Todavía respiraban, su cerebro no dejó de funcionar y parpadearon los ojos. Sus cuerpos siguieron funcionando, pero sus corazones se endurecieron. Adán y Eva dejaron de confiar en Dios y la amistad con su Hacedor feneció.

Nosotros entendemos cómo sucedió. Si usted me presta su auto y yo lo estrello, ¿voy a querer verle la cara? No. Sentiré pavor de nuestro próximo encuentro. Adán y Eva experimentaron lo mismo.

Antes del acto habían seguido a Dios como las ovejas a su pastor. Él hablaba y ellos acataban. Él asignaba tareas, ellos las cumplían. Estaban desnudos y no sentían vergüenza, eran transparentes y no abrigaban ningún temor. Así como una gota de tinta enturbia un vaso con agua, su acto obstinado entenebreció sus almas. Todo cambió. La presencia de Dios les hizo sentir pánico en lugar de paz. Adán reaccionó como un niño sorprendido con las manos en la masa. «Tuve miedo» (Gn 3:10). La intimidad con Dios cesó y se dio inicio a la separación de Dios. Siempre nos preguntaremos por qué Adán no pidió perdón. Como resultado de ello, la pareja culpable fue expulsada del jardín de Edén (Gn 3:23).

Desde entonces, hemos estado de plantón en la puerta.

Muy en lo profundo sabemos que algo anda mal. Nos sentimos desconectados. Lo que esperamos que traiga vida produce resultados limitados… con un valor de tres cincuenta. Nos conectamos a la sociedad con una carrera y le hallamos sentido a la vida con la familia, pero anhelamos más.

Sentimos la frustración que sentí en la Navidad de 1964. Armé el sueño de un chico de nueve años: Un ferrocarril auténtico de Santa Fe en miniatura, con motor, lucecitas y todo. Puse la locomotora en las líneas y observé con puro deleite aquel trencito con partes de hierro que daba vueltas por el piso de mi cuarto. Lo miré dar vueltas, y vueltas y más vueltas. Después lo puse a dar vueltas en la otra dirección, vueltas, vueltas y más vueltas…

«Oye mamá, ¿qué más me compraste de Navidad?»

De forma similar, nuestras vidas dan vueltas que nos distraen por un rato. El primer trabajo. El ascenso. La boda. Las cunas. Los niños. Los nietos. Vueltas y más vueltas… ¿no habrá algo más?

Nuestra insatisfacción se arrima a la decepción y pare una prole subversiva: Borracheras, abusos de poder, semanas laborales de ochenta horas, declives en perversiones sexuales y los demás intentos por disfrazar nuestro anhelo primigenio del Edén. Anhelamos restaurar lo que Adán perdió. Como alguien dijo: «El hombre que toca la puerta del burdel está buscando a Dios».

Tan pronto fracasa el burdel, Jesús interviene con una invitación a la reconexión. Aunque en otro tiempo estábamos muertos en nuestras transgresiones y pecados[3] y alejados de la vida que proviene de Dios,[4] todo aquel que cree que Jesús es el Cristo, es nacido de Dios.[5] ¡Nacidos de Dios! Es decir, no es un nacimiento de la sangre, ni por deseos naturales, ni por voluntad humana, sino que nacemos de Dios.[6]

No se pierda el milagro invisible que la fe desencadena en su interior. Dios nos reinstaura a la misma condición del huerto de Edén. Lo que hicieron Adán y Eva antes de caer, ¡lo hacemos nosotros ahora mismo! La primera familia caminó con Dios; nosotros también lo podemos hacer. Oyeron su voz, nosotros también podemos. Estaban desnudos y no se avergonzaron, nosotros podemos ser transparentes y libres de temor. Ya no tenemos que huir ni escondernos.

Él respira su hálito de vida y nos resucita. Hace por nuestros corazones lo que hacemos cuando un auto se queda sin batería. Me pasó hace poco. Le di vuelta a la llave y no oí el ruido del motor. Hice lo que cualquier paisano haría: Le eché aguardiente al carro, confiando que una botella entera lo dejaría como nuevo. No pasó nada. Luego puse un televisor frente al motor y me puse a ver un partido. La acción de los jugadores despabila a cualquiera, ¿no es así? Esta vez no me funcionó. Entonces compré el último ejemplar de la revista con los últimos modelos en traje de baño, para que mi carro se diera un banquete viendo beldades europeas. No reaccionó. La batería seguía muerta.

Usted pensaría que yo tengo el coeficiente intelectual de un destornillador. ¿Quién recurre al trago, a la pantalla o a la lascivia para tratar de inyectarse vida? Muchos. Demasiados.

La oferta de Jesús sigue en pie, ya que Dios «nos ha hecho nacer de nuevo mediante la resurrección de Jesucristo, para que tengamos una esperanza viva y recibamos una herencia indestructible, incontaminada e inmarchitable. Tal herencia está reservada en el cielo para ustedes» (1 P 1:3-4).

Otros ofrecen vida, pero ninguno se ofrece a hacer lo que Jesús hace: Reconectarnos a su poder intrínseco. ¿Cómo podemos saberlo? ¿Cómo sabemos que Jesús sabe de qué habla? La respuesta definitiva, de acuerdo a sus seguidores de cabecera, es la tumba vacía. ¿Se fijó bien en las palabras que acabó de leer? «Nos ha hecho nacer de nuevo *mediante la resurrección* de Jesucristo». A fin de cuentas, la tumba desocupada fue lo que convenció a los primeros cristianos para jugársela con Cristo, que «se apareció a Cefas, y luego a los doce. Después se apareció a más de quinientos hermanos a la vez» (1 Co 15:5-6).

¿Será que Jesús sí puede reemplazar la muerte con vida? Hizo un trabajo muy convincente en su propio caso. Podemos confiar en Él porque ya pasó por ahí.

En un viaje a China pasé por la plaza de Tiananmen en un bus lleno de occidentales. Tratamos de recordar las causas y consecuencias de la revuelta, pero nuestro conocimiento de historia contemporánea fue vergonzoso. Uno sugirió cierta fecha, otro lo contradijo. Una persona recordó cierto saldo de muertos, otra la corrigió. Durante el intercambio nuestra intérprete guardó silencio.

Por fin uno de nosotros le preguntó: «¿Usted recuerda algo de lo que pasó en la plaza de Tiananmen?»

Su respuesta fue solemne: «Sí, yo participé en la revuelta».

Todos quedamos en silencio mientras nos relató sus recuerdos de la matanza y la represión. Escuchamos con atención, porque ella lo vivió en persona.

Los que seguimos a Cristo lo hacemos por la misma razón: Él ya pasó por ahí...

Él pasó por Belén, fue envuelto en trapos y oyó a las ovejas comiendo paja. Tomó leche materna mientras titiritaba de frío. La divinidad suprema se contentó con habitar en un capullo de ocho libras y dormir en el comedero de una vaca. Millones que enfrentan el frío de la incertidumbre económica o los temores del cambio repentino acuden a Cristo. ¿Por qué?

Porque él lo ha vivido en carne propia.

También pasó por Nazaret, donde salió en primera página y cumplió sus deberes de ciudadano; por Galilea, donde juntó discípulos y separó belicosos; por Jerusalén, donde miró a los ojos a sus críticos y se mantuvo en pie ante los cínicos.

Nosotros también tenemos nuestra versión de Nazaret: Obligaciones y cuentas por pagar. Jesús no fue el último que armó un equipo, los acusadores no pasaron a la historia con el templo de Jerusalén. ¿Por qué buscar la ayuda de Jesús en medio de nuestras dificultades? Porque Él ya pasó por ahí. Por Nazaret, por Galilea, por Jerusalén.

Pero por encima de todo, pasó por la tumba, y no de visita solamente. Como un cadáver. Enterrado con los demás cadáveres. Contado entre los muertos. Con el corazón quieto y los pulmones cerrados. Con el cuerpo envuelto en un lienzo y la entrada sellada. El cementerio. Él estuvo ahí.

A usted todavía no le ha tocado, pero le llegará el día. Sabiendo esto, ¿no necesita a alguien que conozca la salida?

> Dios... nos ha hecho nacer de nuevo mediante la resurrección de Jesucristo, para que tengamos una esperanza viva... destruyó la muerte y sacó a la luz la vida incorruptible (1 P 1:3; 2 Ti 1:10).

¿Se acuerda de aquel cheque que me mandaron de mi pueblo? Todavía lo sigo esperando, pero ya no cuento mucho con él. Los tres dólares con cincuenta centavos no prometen gran cosa. En cambio, ¿sabe qué hice con la promesa de Juan 3:16? Hace tiempo deposité ese cheque. Todos los días me genera ingresos por intereses, y lo seguirá haciendo por toda la eternidad.

Mire su Biblia. Usted tiene el mismo cheque.

CONCLUSIÓN

LA VIDA AL ESTILO 3:16

«Vuelo gratis: Río de Janeiro a Miami, Florida».
No fui el único que se enteró de la oferta pero sí uno de los pocos que llamó a pedir más información. El servicio de mensajería ofreció un tiquete aéreo a cualquier persona dispuesta a llevar una bolsa de correo a Estados Unidos. El negocio era tan simple como apetecible:

Encuéntrese con el representante de la empresa en el aeropuerto, donde le entregarán una bolsa con documentos y un pasaje aéreo. Incluya la bolsa al registrar la entrada de su equipaje para el vuelo. Recoja la bolsa en Miami antes de hacer su conexión y entréguela al representante uniformado del servicio de mensajería, quien le estará esperando al salir de aduana.

Ninguna empresa hace tales ofertas ahora, pero eso fue por allá en 1985, muchos años antes de la intensificación de la seguridad aeroportuaria. Mi papá se estaba muriendo de esclerosis amiotrófica, los tiquetes aéreos estaban por las nubes y mi cuenta corriente estaba flaca como un riel. ¿Pasaje gratuito? La oferta sonaba demasiado buena para ser cierta.

Por eso decidí no aprovecharla.

Muchos hacen lo mismo con Juan 3:16. Millones lo han leído y hasta se lo saben de memoria. Apenas un puñado le tiene confianza. ¿Será por cautela? ¿Creen que es un truco de mercadeo? ¿Tal vez no están tan necesitados? ¿Han sido advertidos por amigos precavidos?

A mí me pasó. Otros residentes de Río vieron la misma oferta, algunos la leyeron y les olió a rata. «No vaya a arriesgarse», me advirtió uno, «mejor compre su propio tiquete».

Pero no tenía con qué. Cada llamada a mamá traía peores noticias.

«Está de vuelta en el hospital».

«Ya no puede respirar sin oxígeno».

«El doctor dice que busquemos un hospicio».

Entonces volví a ver el papel de la oferta. La desesperación aumentó mi interés.

¿No es ese siempre el caso?

Cuando él pide el divorcio o ella dice «se terminó». Cuando el forense llama, los niños se sublevan o las finanzas se desbaratan. Cuando la desesperación arremete como un tifón contra su mundo, la oferta que Dios hace de un vuelo gratis al hogar merece un segundo vistazo. Juan 3:16 pasa de ser un simple versículo a un chaleco salvavidas.

Algunos de ustedes lo tienen puesto y se acuerdan del día que se lo pusieron. Para ustedes. El pasaje los reconforta como su frazada favorita:

> Tanto amó Dios...
> todo el que cree en él...
> no se pierda...
> vida eterna.

Estas palabras le han acompañado a lo largo de múltiples inviernos crudos. Es mi oración que le reconforten y abriguen durante los que faltan por llegar.

Hay otros que siguen mirando el volante. Todavía analizan la posibilidad, se debaten entre aceptar o no la promesa. Un día se preguntan quién haría una oferta tan insensata, al otro día se preguntan quién sería tan insensato para no aprovecharla.

Le insto a aprovecharla. No le dé la espalda a esta oferta. ¿Quién más podrá llevarle a casa? ¿Quién más ha convertido su tumba en un clóset y ha ofrecido hacer lo mismo con la suya? Acepte la oferta de Jesús. Suba a bordo. No se pierda esta oportunidad de ver a su Padre.

Yo la aproveché. Llamé a la empresa y me apunté. Denalyn me llevó al aeropuerto. Encontré el representante de la empresa, me dieron el pasaje y documenté el equipaje. Cuando me senté en el avión, sonreía como si acabara de encontrar un regalo olvidado bajo el árbol de Navidad.

Haga lo mismo. No tiene que ir al aeropuerto, pero sí necesita actuar. Tiene que darle su respuesta a Dios: «Para que por fe Cristo habite en sus corazones» (Ef 3:17). Dígale sí a Dios. Su oración no tiene que ser elocuente, solamente honesta.

Padre, yo creo que tú amas a este mundo. Tú diste a tu Hijo unigénito para que yo pueda vivir contigo por siempre. Aparte de ti me muero. Contigo vivo. Elijo la vida. Te elijo a ti.

Si no está seguro de habérselo dicho, no lo ha hecho. No podemos subir a bordo sin saberlo. Tampoco podemos subirnos y esconderlo. No se admiten polizones. Los seguidores de Cristo portan su fe en público. Pasamos de la mala conducta a la buena (el arrepentimiento). Dejamos de seguir nuestras pasiones y saludamos a nuestro nuevo capitán (la confesión). Demostramos públicamente nuestra devoción (el bautismo).[1]

Nuestra decisión no es ningún secreto. ¿Por qué tendría que serlo? Vamos camino al hogar, donde Cristo nos espera con brazos abiertos.

Gracias a esa empresa de mensajería, estuve presente en el fallecimiento de mi padre.

Gracias a Dios, Él estará presente en el suyo. Usted es demasiado importante para Él como para perdérselo. Crea en Él y usted...

no...

      se...

            perderá...

sino que tendrá vida, vida eterna, para siempre.

40 Días de devocionales

UNA INVITACIÓN DE MAX

La historia de Jesús se puede leer y apreciar como un álbum de recuerdos armado con recortes, estampas y rótulos, lleno de fotografías de periódicos y revistas que ilustran sus anécdotas y lecciones predilectas. En una página se ve la foto que Lucas le tomó a Jesús cuando se subió a la lancha de Pedro. Mateo sacó el retrato de un grupo grande, cuando los setenta seguidores se reunieron a celebrar la primera excursión misionera. (Jesús sale en todo el centro de la primera fila, cruzado de piernas y sonriendo como si su tropa acabara de ganar el primer trofeo.) En una página Juan pegó una servilleta de la boda en Caná y en otra el programa del funeral en Betania. Este es uno de los apuntes famosos de aquel discípulo: «Jesús hizo también muchas otras cosas, tantas que, si se escribiera cada una de ellas, pienso que los libros escritos no cabrían en el mundo entero» (Jn 21:25).

Al pasar cada página del álbum el lector queda con esta impresión: Jesús fue al mismo tiempo común y fuera de lo común, pasando de lo normal a lo heroico de forma rutinaria y natural. En un momento se mimetiza con los jugadores de dominó en el parque y al siguiente está sacando demonios, sanando enfermos y resucitando muertos. Conversaba con niños y pescadores, pero se dirigía con la misma facilidad a las olas, los vientos y los espíritus. ¿Quién era este hombre?

No existe una pregunta más importante. He juntado algunos recortes del álbum que nos ayudarán a encontrar la respuesta. Tras haber dedicado el libro a profundizar en una de las declaraciones de Jesús, quiero que concluyamos con un recorrido de toda su vida a vuelo de pájaro. Le recomiendo leer un extracto diario durante los próximos cuarenta días, empezando en el pesebre de Belén hasta llegar a la tumba vacía. Tenga en cuenta que las páginas finales del álbum todavía están por armarse e incluyen la foto suya con su Salvador a la entrada del cielo.

Día 1

Una noche común

De repente apareció una multitud de ángeles del cielo, que alababan a Dios y decían: «Gloria a Dios en las alturas, y en la tierra paz a los que gozan de su buena voluntad.»
—Lucas 2:13-14

Hay una palabra que describe la noche que Él vino: *común*.

El cielo era común. Una brisa ocasional agitaba las hojas y enfriaba el aire. Las estrellas eran diamantes que relucían sobre terciopelo negro.

Las ovejas eran corrientes. Algunas gordas. Algunas flacas. Animales comunes. No hacían historia. Ningún ganador de premios.

Y los pastores. Campesinos. Probablemente llevaban puesta toda la ropa que tenían. Olían a oveja y lucían igual de lanudos.

Una noche común con ovejas comunes y pastores comunes. Y si no fuese por Dios, a quien le complace agregar un «detalle adicional» en el frente de lo común, la noche habría pasado inadvertida. Las ovejas habrían sido olvidadas y los pastores habrían dormido toda la noche.

Pero Dios danza en medio de lo corriente. Y esa noche bailó un vals.

El cielo negro estalló en fulgor. Árboles que daban sombra irrumpieron en claridad. Ovejas que estaban en silencio se convirtieron en un coro de curiosidad. En un instante, el pastor estaba dormido como una piedra, un momento después se restregaba los ojos con la mirada fija en el rostro de un extraterrestre.

La noche dejó de ser común.

El anuncio fue primero a los pastores. Si el ángel se hubiese presentado a los teólogos, habrían consultado primeramente sus comentarios. Si se hubiese presentado a la élite, habrían mirado a su alrededor para ver si alguien estaba observando.

De modo que se presentó a los pastores. Hombres que no sabían lo suficiente para decirle a Dios que los ángeles no le cantan a las ovejas y que los mesías no se encuentran envueltos en trapos durmiendo en pesebres.

Día 2

María mece a Dios

Así que dio a luz a su hijo primogénito. Lo envolvió
en pañales y lo acostó en un pesebre, porque no había
lugar para ellos en la posada.
—Lucas 2:7

Dios había entrado al mundo como un bebé.

Si alguien pasó aquella mañana junto al pesebre de ovejas en las laderas de Belén, se topó con una escena muy peculiar.

El establo hiede como cualquier otro. El piso es duro y la paja escasa. Se ven telarañas en el cobertizo y un ratón que se pasea como Pedro por su casa.

No existía un lugar más humilde para nacer.

Junto a la joven madre está sentado el padre agotado, quien cabecea vencido por el sueño. No recuerda la última vez que se sentó y, ahora que las emociones han amainado y tanto María como el bebé están cómodos, se apoya contra la pared del establo y siente que le pesan los párpados.

María está totalmente despierta. ¡Qué joven se ve! Su cabeza reposa sobre el liso cuero de la silla de montar de José. El dolor ya ha sido eclipsado por el asombro. Está mirando la cara del bebé. Su hijo. Su Señor. Su Majestad. En este punto de la historia, el ser humano que mejor entiende quién es y qué hace Dios es una muchacha en un establo maloliente. No puede quitarle los ojos de encima. María sabe que sostiene en sus brazos a Dios y recuerda las palabras del ángel: «Su reinado no tendrá fin» (Lc 1:33).

El niño parece cualquier cosa menos un rey. Tiene la cara arrugada y roja. Depende por completo de María para subsistir. La Majestad en medio de lo mundano. Ella toca el rostro del Dios humanado. *¡Has venido de muy lejos!*

José, atrapado en el medio

Cuando José se despertó, hizo lo que el ángel del
Señor le había mandado y recibió a María por
esposa. Pero no tuvo relaciones conyugales con ella
hasta que dio a luz un hijo, a quien le puso por
nombre Jesús.
—MATEO 1:24-25

Mateo describe al padre terrenal de Jesús como un carpintero (Mt 13:55). Reside en Nazaret: un punto perdido en el mapa del aburrimiento. ¿Fue José una elección acertada? ¿No tenía Dios mejores alternativas? ¿Un sacerdote elocuente de Jerusalén o un erudito de entre los fariseos? ¿Por qué José? Una parte importante de la respuesta radica en su reputación: él la sacrifica por Jesús. «Como José, su esposo [de María], era un hombre justo y no quería exponerla a vergüenza pública, resolvió divorciarse de ella en secreto» (Mt 1:19).

Con la frase «un hombre justo», Mateo reconoce el estatus de José. Nazaret veía a José como veríamos nosotros a un anciano, un diácono o un maestro de estudios bíblicos. Muy probablemente José se enorgullecía de eso, pero el anuncio de María lo ponía en peligro. *Estoy embarazada.*

Y ahora, ¿qué hacer? Su novia está embarazada, marcada, mancillada... él es justo, un hombre de Dios. Por una parte, está la ley. Por la otra, su amor. La ley ordena que ella sea lapidada. El amor, que sea perdonada. Y José está atrapado entre ambos.

Entonces se le apareció el ángel. El abultado vientre de María no será causa de preocupación, sino de regocijo. «Ella lleva en su vientre al Hijo de Dios», anuncia el ángel. Pero, ¿quién podía creer eso?

La barba de José se perla de sudor frío. Enfrenta un dilema. Inventar una mentira y preservar su lugar en la comunidad, o decir la verdad y decirle adiós a su reputación. Toma una decisión. «José... recibió a María por esposa. Pero no tuvo relaciones conyugales con ella hasta que dio a luz un hijo» (Mt 1:24-25).

Cambió sus estudios de la Torá por una novia embarazada y un hijo ilegítimo, y tomó la más grande decisión que pueda tomar un discípulo. Puso el plan de Dios por delante del suyo.

Día 4

Por el amor

Porque tanto amó Dios al mundo, que dio a su
Hijo unigénito, para que todo el que cree en él no se
pierda, sino que tenga vida eterna.
—Juan 3:16

¿Sería usted capaz de hacer lo que hizo Jesús? Cambió un castillo sin manchas por un establo mugriento. Cambió la alabanza de los ángeles por la compañía de asesinos. Él podía sostener el universo en la palma de la mano, pero renunció a ello para flotar en el vientre de una muchacha.

Si usted fuera Dios, ¿dormiría sobre paja, se alimentaría del seno de una mujer y dejaría que le envolvieran en pañales? Yo no lo haría, pero Cristo sí lo hizo.

Si supiera que aquellos a quienes ama se reirían en su cara, ¿se seguiría preocupando por ellos? … Cristo lo hizo.

Se humilló a sí mismo. Pasó de darles órdenes a los ángeles, a dormir sobre paja. De sostener las estrellas, a tomarle el dedo a María. La palma que sostenía el universo recibió el clavo de un soldado.

¿Por qué? Porque eso es lo que hace el amor. Anteponer al amado.

El amor recorre distancias... y Cristo viajó desde la eternidad ilimitada a ser confinado por el tiempo para convertirse en uno de nosotros. No tenía porqué. Pudo haber desistido. En cualquier punto del camino pudo haberse echado atrás.

Cuando vio el tamaño del vientre pudo haberse detenido.

Cuando vio lo pequeña que sería su manita, lo suave que sería su voz, el hambre que sentiría en su barriguita, podría haberse detenido. Al primer atisbo del establo maloliente, a la primera ráfaga de aire frío. La primera vez que se raspó la rodilla o se limpió la nariz o comió rosquillas quemadas, pudo haberse dado la vuelta y marcharse.

Cuando vio el piso sucio de su casa de Nazaret. Cuando José le asignó la primera tarea. Cuando sus compañeros de clase se quedaban dormidos mientras se leía la Torá, su Torá. Cuando el vecino tomó su nombre en vano. Cuando el granjero perezoso maldijo a Dios por su mala cosecha. En cualquier caso Jesús pudo haber dicho: «¡Basta ya! ¡Se acabó! Me marcho a casa». Pero no lo hizo.

No lo hizo porque Él es amor.

Día 5

Jesús regresa a casa primero

El niño crecía y se fortalecía; progresaba en
sabiduría, y la gracia de Dios lo acompañaba.
—Lucas 2:40

¿Cuándo encontramos el primer indicio de que Él sabe que es el Hijo de Dios? En el templo en Jerusalén. Tenía doce años. Sus padres habían caminado tres días de regreso a Nazaret antes de descubrir que les faltaba el muchacho.

El templo era el último lugar en que pensaron encontrarlo. Pero fue el primero al que fue Jesús. No fue a casa de un primo ni a casa de un compañero de juegos. Buscó el centro mismo del pensamiento piadoso y, al hacerlo, nos inspira a hacer lo mismo. Cuando José y María localizaron a su hijo, Él había confundido a los hombres más doctos del templo.

Aun siendo muchacho Jesús ya percibe el llamado de Dios. Pero, ¿qué hacer luego? ¿Reclutar discípulos y hacer milagros?

No; regresa a su casa con sus padres y aprende el oficio de la familia.

Eso es exactamente lo que usted debe hacer. ¿Quiere poner enfoque en su vida? Haga lo que Jesús hizo. Váyase a casa, ame a su familia y atienda sus asuntos. *Pero Max: Yo quiero ser misionero.* Su primer campo misionero está bajo su techo. ¿Qué le hace pensar que le creerán en el extranjero si no le creen al otro lado del corredor?

Día 6

Gallinas, un martillo y Jesús

¿No es acaso el carpintero?
—Marcos 6:3

Imagine una aldea polvorienta y tranquila. Nazaret. Un pueblo nada impresionante en una nación poco impresionante.

Haga caso omiso de las casas más bonitas de la aldea. José y María celebraron el nacimiento de Jesús ofreciendo dos tórtolas en el templo, la ofrenda de los pobres (Lc 2:22-24). Vaya a la parte más pobre del pueblo. No asolada por la pobreza ni la indigencia, pero sí humilde.

Busque además una madre soltera. La ausencia de José en la vida adulta de Jesús sugiere que María quizás crió sola a Jesús y sus hermanos. Necesitamos un hogar modesto con una madre soltera y un peón ordinario. Los vecinos de Jesús lo recordaban como un obrero. «¿No es acaso el carpintero?» (Mc 6:3).

Jesús tenía manos callosas, camisas manchadas por el sudor y —esto podría sorprenderle a usted— aspecto común. «No había en él belleza ni majestad alguna; su aspecto no era atractivo y nada en su apariencia lo hacía deseable» (Is 53:2).

Criado en una nación olvidada, entre gente oprimida de una recóndita aldea. ¿Podría usted reconocerlo? ¿Ve la casa de adobe con el techo de paja? Sí, la que tiene gallinas en el patio y el adolescente desgarbado que repara sillas en el cobertizo.

«Por eso era preciso que en todo se asemejara a sus hermanos, para ser un sumo sacerdote fiel y misericordioso al servicio de Dios, a fin de expiar los pecados del pueblo. Por haber sufrido él mismo la tentación, puede socorrer a los que son tentados» (Heb 2:17-18).

¿Por qué el más selecto Hijo del cielo soportaría el más severo dolor terrenal? Para que usted supiera que Él sabe cómo se siente usted.

DÍA 7

HASTA LUEGO, NAZARET

*Jesús se fue a Galilea a anunciar las buenas nuevas
de Dios.*
—MARCOS 1:14

La obediencia de Jesús comenzó en un pequeño taller de carpintería del pueblo. Su enfoque poco común en su vida común lo preparó para su llamado nada común. «Jesús tenía unos treinta años cuando comenzó su ministerio» (Lc 3:23). Para comenzar una vida pública, usted debe dejar la vida privada. Para que Jesús cambiara el mundo debió despedirse de *su* mundo.

Jesús debió darle un beso a María, cenar por última vez en la cocina y dar un último paseo por las calles. ¿Ascendió a una de las colinas de Nazaret y pensó en el día en que subiría a la colina cercana a Jerusalén?

Cristo sabía lo que había de suceder. Dios ya lo había destinado «antes de la creación del mundo» (1 P 1:20). Ya se había escrito cada pizca de sufrimiento y que simplemente era para representar su papel.

No es que Jesús tuviera que hacerlo. Nazaret era un pueblo acogedor. ¿Por qué no levantar un negocio de carpintería? ¿Mantener su identidad en secreto? Regresar en la era de las guillotinas o las sillas eléctricas y así evitar la cruz. Ser obligado a morir es una cosa, pero es distinto tomar voluntariamente su propia cruz.

Me pregunto: ¿qué clase de amor es ese? Cuando a usted se le ocurra una palabra que denote tal amor, désela a Cristo. El día que Él salió de Nazaret es el momento en que declaró su devoción por usted y por mí. Según Pedro, nuestras vidas eran absurdas (1 P 1:18). «Pero Dios, que es rico en misericordia, por su gran amor por nosotros...» nos abrazó (Ef 2:4).

Jesús salió de Nazaret y nos dio vida.

Día 8

¿A ti te bautizo?

Tan pronto como Jesús fue bautizado, subió del agua. En ese momento se abrió el cielo, y él vio al Espíritu de Dios bajar como una paloma y posarse sobre él. Y una voz del cielo decía: «Éste es mi Hijo amado; estoy muy complacido con él.»
—Mateo 3:16-17

Nada en su apariencia lo distingue de la multitud. Igual que el resto, está de pie en la fila, esperando su turno. Él, como los demás, puede oír a la distancia la voz del predicador.

Entre bautismos, Juan el Bautista se pone a predicar. Impetuoso. Feroz. Fiero. Intrépido. De piel bronceada. Con mechones sin cortar. Juan está con el agua hasta la cintura en el Jordán de color cobalto. Llama a todas las personas a entrar en el agua. «Él fue por toda la región contigua al Jordán predicando el bautismo del arrepentimiento para perdón de pecados» (Lc 3:3).

El bautismo no era una práctica nueva. Era un rito obligatorio para cualquier gentil que deseaba convertirse en judío. Era para gente anticuada, de segunda clase, no escogida. No para las clases limpias, encumbradas y favoritas: los judíos. He aquí el problema. Juan se niega a hacer diferencias entre judíos y gentiles. A su modo de ver, todo corazón necesita una limpieza detallada.

Todos los corazones, es decir, excepto uno. Por eso Juan se asombra cuando ese uno entra al río.

Es comprensible la renuencia de Juan. Una ceremonia bautismal es un evento extraño para encontrar al Hijo de Dios. Este debía ser el bautizador, no el bautizado. ¿Por qué Cristo querría ser bautizado? ¿Por qué debería bautizarse?

He aquí la razón: Puesto que usted y yo no podemos pagar, Cristo lo hizo. Hemos roto mandamientos, promesas y, peor que todo, hemos roto el corazón de Dios.

Sin embargo, Cristo ve nuestra súplica. Debemos a Dios una vida perfecta. Perfecta obediencia a todos los mandatos. No solo el mandamiento del bautismo, sino los de humildad, honestidad e integridad. No podemos cumplir. También se nos podría cobrar la propiedad de Manhattan. Pero Cristo puede pagar, y lo hizo. Su zambullida en el Jordán es una representación de su zambullida en nuestro pecado. El bautismo de Él anuncia: «Déjame pagar».

Con su bautismo usted responde: «Seguro que te dejaré».

SATANÁS LO ACECHÓ

Ha sido tentado en todo de la misma manera que
nosotros.
—HEBREOS 4:15

Usted y yo sabemos lo que es soportar un momento de tentación o una hora de tentación, e incluso un día. Pero, ¿*cuarenta* días? Eso fue lo que Jesús enfrentó. «Jesús, lleno del Espíritu Santo, volvió del Jordán, y fue llevado por el Espíritu al desierto por cuarenta días, y era tentado por el diablo» (Lc 4:1-2).

Podemos imaginarnos la tentación en el desierto como tres eventos aislados en un lapso de cuarenta días. Ojalá hubiera sido así. En realidad la tentación de Jesús fue incesante; «por cuarenta días, y era tentado por el diablo». Satanás atrapó a Jesús como una camisa y no quería soltarlo. A cada paso le susurraba al oído. En cada recodo del sendero le sembraba duda. ¿Sufrió Jesús el impacto del diablo? Evidentemente que sí. Lucas no dice que Satanás *trató* de tentar a Jesús. No, el pasaje es claro: «era tentado por el diablo». Jesús fue *tentado*, fue probado. ¿Tentado a cambiar de lados? ¿Tentado a irse a casa? ¿Tentado a conformarse con un reino en la tierra? No lo sé, pero sí sé que fue tentado. Una guerra rugía en su interior. La tensión atacaba por fuera.

Como Jesús, somos tentados. Como Jesús, se nos acusa. Pero a diferencia de Jesús, nos damos por vencidos. Nos rendimos. Nos sentamos. ¿Cómo pueden nuestros corazones tener la resistencia que Jesús tuvo?

Enfocando lo que Jesús enfocó: «por el gozo que le esperaba» (Heb 12:2). Él alzó sus ojos más allá del horizonte y vio la mesa. Enfocó el banquete. Lo que vio le dio fuerza para terminar, y terminar con fuerza.

Tales momentos nos aguardan. En una hora que no tiene fin descansaremos. Rodeados de santos y de Jesús mismo, el trabajo, a la verdad, habrá concluido. La cosecha final será recogida, nos sentaremos, y Cristo bendecirá la comida con estas palabras: «Hiciste bien, siervo bueno y fiel» (Mt 25:23).

Día 10

Bifocales y binoculares

Hemos encontrado al Mesías.
—Juan 1:41

Para Juan y Andrés no fue suficiente escuchar a Juan el Bautista. La mayoría se hubiera contentado con servir a la sombra del evangelista más famoso del mundo. ¿Podría haber un mejor maestro? Solo uno. Y cuando Juan y Andrés lo vieron, dejaron a Juan el Bautista y siguieron a Jesús. Note la petición que hicieron.

«Rabí», le preguntaron, «¿dónde te hospedas?» (Jn 1:38) Petición audaz. No le pidieron a Jesús que les diera un minuto, o una opinión, o un mensaje o un milagro. Le preguntaron su dirección domiciliaria. Querían quedarse con Él. Querían conocerle. Querían saber qué le hacía volver la cabeza, y su corazón arder y su alma suspirar. Querían estudiar sus ojos y seguir sus pasos. Querían verle. Querían saber qué le hacía reír

183

y si alguna vez se cansaba. Pero, sobre todo, querían saber: *¿Era Jesús todo lo que Juan dijo que era; y si lo era, qué estaba haciendo Dios en la tierra?* No se puede encontrar respuesta a esa pregunta hablando con el primo; hay que hablar con la persona misma.

¿La respuesta de Jesús a los discípulos? «Vengan a ver» (v. 39). No les dijo: «Vengan y echen un vistazo», ni tampoco: «Vengan y atisben». Les dijo: «Vengan y vean». Traigan sus bifocales y binoculares. Este no es el momento para echar vistazos de reojo o atisbos ocasionales. «Fijemos la mirada en Jesús, el iniciador y perfeccionador de nuestra fe» (Heb 12:2).

Los discípulos fijan sus ojos en el Salvador.

Día 11

Todopoderoso, pero no arrogante

*También habían sido invitados a la boda Jesús
y sus discípulos.*
—Juan 2:2

Quizás fue Andrés el que lo preguntó. A lo mejor Pedro. Es posible que todos se hayan dirigido a Jesús. Pero apuesto a que en algún momento del viaje los discípulos expresaron sus suposiciones.

—Así que Rabí, ¿hacia dónde nos llevas? ¿Al desierto?

—No —opina otro—, nos lleva al templo.

Luego se genera un coro de confusión que acaba únicamente al levantar Jesús su mano y decir con suavidad:

—Nos dirigimos a un casamiento.

Silencio. Juan y Andrés se miran entre sí.

—¿Un casamiento? —dicen.

¿Por qué fue Jesús al casamiento?

¿La respuesta? Se encuentra en el segundo versículo de Juan 2: «También habían sido invitados a la boda Jesús y sus discípulos».

Cuando los novios hicieron la lista de invitados, incluyeron el nombre de Jesús. Jesús no fue invitado por ser una celebridad. Aún no lo era. La invitación no la motivaron sus milagros. Todavía no había efectuado ninguno. ¿Por qué lo invitaron?

Supongo que se debía a que lo querían.

¿Gran cosa? A mí me parece que sí. Creo que es significativo que la gente común de un pequeño pueblo disfrutara de estar con Jesús. Creo que vale la pena destacar que el Todopoderoso no se comportaba de manera arrogante.

Se esforzó sobremanera por ser tan humano como cualquier otro. No necesitaba estudiar y sin embargo iba a la sinagoga. No tenía necesidad de ingresos y sin embargo trabajaba en el taller. Sobre sus hombros pesaba el desafío de redimir a la creación, no obstante, dedicó el tiempo de recorrer a pie ciento cuarenta y cuatro kilómetros que separaban a Jericó de Caná para asistir a una boda.

Como resultado, la gente lo quería.

DÍA 12

SIMPLEMENTE LLÁMELA LA GRACIA

Me dijo todo lo que he hecho.
—JUAN 4:39

Estamos hablando de una mujer que sí tendría una buena lista. Número uno: discriminación. Es samaritana, odiada por los judíos. Número dos: prejuicio por su sexo: es mujer, despreciada por los hombres. Tres: está divorciada, y no una ni dos veces. ¿Cómo sale la cuenta? ¿Cuatro? ¿Cinco? Cinco matrimonios fracasados. Y ahora se acuesta con un tipo que no le pondrá un anillo en el dedo.

Cuando hago toda esta cuenta me imagino a una mujer sentada en el taburete de un bar, a punto de volverse loca. Voz ronca, aliento a tabaco y un vestido escotado arriba y corto abajo. Ciertamente no es lo más fino de Samaria. Nunca se le ocurriría a usted ponerla a cargo de la clase bíblica para damas.

Por eso lo que Jesús hace nos parece tan sorprendente. No sólo la encarga de esa clase, sino de evangelizar toda la ciudad. Antes de que acabe el día toda la ciudad ha oído hablar de un hombre que afirma ser Dios. «Me dijo todo lo que he hecho» (Jn 4:39), les dice, sin expresar lo obvio: «y me amó a pesar de todo».

Un poco de lluvia puede cambiar el tallo de una flor. Un poco de amor puede cambiar una vida. Quién sabe cuando fue la última vez que a esta mujer se le había confiado alguna responsabilidad y ¡mucho menos las mejores noticias de la historia!

Escuche esto: No es que a usted le hayan rociado de perdón. No es que le hayan salpicado de gracia. No es que le hayan cubierto del polvo de la bondad, es que le han dado un baño de todo ello. Está sumergido en la misericordia. ¡Deje que esto le cambie! ¿Acaso el amor de Dios no hace por usted lo mismo que hizo por la mujer samaritana? Él se la encontró llena de basura y la dejó llena de gracia.

Día 13

La parentela loca de Jesús

Y él se quedó asombrado por
la incredulidad de ellos.
—Marcos 6:6

Es posible que le sorprenda saber que la familia de Jesús distaba mucho de ser perfecta. Es cierto. Si su familia no lo aprecia, cobre ánimo, tampoco la de Jesús lo apreciaba. «En todas partes se honra a un profeta, menos en su tierra, entre sus familiares y en su propia casa» (Mc 6:4).

Primero fue un héroe pero un minuto después era un hereje. Cuando los amigos del vecindario de Jesús intentaron matarlo... sus hermanos se hicieron invisibles. Pensaban que su hermano era un lunático. «Sus parientes, salieron a hacerse cargo de él, porque decían: "Está fuera de sí"» (Mc 3:21). No estaban orgullosos... ¡Estaban avergonzados!

¿Cómo hace Jesús para soportar a estos tipos? Cuando usted y su familia tienen intereses diferentes, ¿qué hace?

Jesús nos da algunas respuestas.

Vale la pena observar que no intentó controlar el comportamiento de su familia, ni permitió que la conducta de ellos controlara la suya. No exigió que estuviesen de acuerdo con Él. No se malhumoró cuando lo insultaron. No tomó como su misión el complacerlos a ellos.

Cuando los hermanos de Jesús no compartieron sus convicciones, no intentó forzarlos a que lo hicieran. Reconoció que su familia espiritual podría proveer lo que no podía aportar su familia física. Jesús no permitió que la complicada dinámica de su familia hiciese sombra sobre el llamado de Dios para su vida.

DÍA 14

DEMASIADO TEMPRANO PARA JUBILARSE

No se amolden al mundo actual, sino sean
transformados mediante la renovación de su mente.
Así podrán comprobar cuál es la voluntad de Dios,
buena, agradable y perfecta.
—ROMANOS 12:2

Habiendo resistido la tentación del diablo en el desierto y un frío rechazo en su tierra natal, Jesús viajó a Capernaúm, donde los ciudadanos le dieron una jubilosa bienvenida. «Estaban asombrados de su enseñanza» (Lc 4:32).

La gente llevaba a Jesús más que cuerpos enfermos y almas desorientadas. Le llevaban planes. Itinerarios. Consejos no solicitados. El rebaño de la humanidad deseaba fijar el rumbo de Jesús. «Síguenos», decían. «Guiaremos tus pasos».

Los de Capernaúm «procuraban detenerlo para que no se fuera. Pero él les dijo: «Es preciso que anuncie también a los demás pueblos las buenas nuevas del reino de Dios, porque para esto fui enviado» (vv. 42-43).

Para no dejarse arrastrar por la gente se ancló a la roca de su propósito: emplear su singularidad (anunciar el evangelio «a los demás pueblos») priorizando a Dios («el reino de Dios») dondequiera que pudo.

¿No le alegra que lo haya hecho así? Suponga que se hubiera dejado llevar por la multitud y hubiera establecido su campamento en Capernaúm, razonando: «Yo creía que mi meta era el mundo entero y mi destino la cruz. Pero el pueblo entero me dice que me quede en Capernaúm ¿Puede estar equivocada tanta gente?»

¡Claro que sí! Desafiando a la muchedumbre, Jesús le dio la espalda al pastorado de Capernaúm y siguió la voluntad de Dios. Al hacerlo dejaba tras de sí a algunos enfermos sin sanar y a algunos confundidos sin orientar. Rechaza algunas cosas buenas para poder decir sí a su extraordinario llamado.

DÍA 15

CUANDO JESÚS ENTRA A SU BARCA

Recogieron una cantidad tan grande de peces que
las redes se les rompían.
—LUCAS 5:6

Jesús necesita una barca. Pedro tiene una. Jesús predica. Pedro se conforma con escuchar. Sin embargo, Jesús sugiere un viaje de pesca a media mañana, y Pedro le lanza una mirada. Es una mirada de «es demasiado tarde». Se pasa los dedos por el cabello y suspira: «Maestro, hemos estado trabajando duro toda la noche y no hemos pescado nada» (Lc 5:5). ¿Puede usted sentir la futilidad de Pedro?

Ah, los pensamientos que pudo haber tenido Pedro. *Estoy cansado. Me duelen los huesos. Lo que deseo es una comida y una cama, no un viaje de pesca.*

«Boga mar adentro», instruye el Dios-hombre. ¿Por qué mar adentro? ¿Cree usted que Jesús sabía algo que Pedro desconocía? Encontrar peces es sencillo para el Dios que los hizo. Para Jesús, el mar de Galilea era una pecera de un dólar en un gabinete de cocina.

Me gusta pensar que Pedro, mientras sostiene la red, mira por sobre el hombro a Jesús. Y me encanta pensar que Jesús, sabiendo que Pedro está a punto de ser medio halado hacia el agua, comienza a sonreír.

Pedro siente que le halan el brazo hacia el agua. Lo único que puede hacer es agarrarse hasta que los demás muchachos le puedan ayudar. A los pocos momentos los cuatro pescadores y el carpintero tienen agitados peces plateados hasta las rodillas.

Pedro quita la mirada de la pesca y la pone en el rostro de Cristo. En ese momento, por primera vez, ve a Jesús. No al Jesús que descubre peces. No al Jesús que atrae multitudes. No a Jesús el rabino. Ve a Jesús el Señor.

Pedro cae de bruces entre la pesca. No le molesta el mal olor de los peces. Lo que le preocupa es su propio mal olor. «¡Apártate de mí, Señor; soy un pecador!» (v. 8).

Cristo no tenía intención de satisfacer ese ruego. Él no abandona a los pobres infelices que confiesan. Muy por el contrario, los recluta. «No temas; desde ahora serás pescador de hombres» (v. 10).

Día 16

Compinche de la mafia

Porque no he venido a llamar a justos sino a pecadores.
—Mateo 9:13

Según su historial, Mateo era un recaudador de impuestos del gobierno. Según sus vecinos, era un pillo. Tenía en una esquina una oficina de recolección de impuestos y una mano extendida. Allí estaba el día en que vio a Jesús. «Sígueme», le dijo el Maestro, y Mateo lo siguió. En el versículo que sigue encontramos a Jesús sentado a la mesa de Mateo cenando: «Jesús estaba comiendo en casa de Mateo» (Mt 9:10).

Una conversación en la vereda no hubiera satisfecho su corazón, así que Mateo llevó a Jesús a su casa. Algo ocurre en la mesa de la cena que no sucede en el escritorio en la oficina. Sáquese la corbata, encienda el asador, destape los refrescos y pase la noche con el que colgó las estrellas en su sitio.

«¿Sabes, Jesús? Discúlpame por preguntarte esto, pero siempre quise saber...»

Aunque el hecho de extender la invitación es impresionante, la aceptación lo es mucho más. A Jesús no le importaba que Mateo fuera ladrón. A Jesús no le importaba que Mateo viviera en una casa de dos pisos con las ganancias de su extorsión. Lo que le importó fue que Mateo quería conocerlo,

La proporción entre los que no lo vieron y los que lo buscaron es de mil a uno. Pero la proporción entre los que lo buscaron y los que le hallaron siempre fue de uno a uno. Todos los que lo buscaron lo hallaron.

Día 17

Apoyándose en su Palabra

Había allí, junto a la puerta de las Ovejas, un estanque... En esos pórticos se hallaban tendidos muchos enfermos, ciegos, cojos y paralíticos.
—Juan 5:2-3

Jesús se encuentra con el hombre cerca de un gran estanque al norte del templo de Jerusalén. Mide aproximadamente ciento diez metros de largo, cuarenta de ancho y tres de profundidad. Una columnata con cinco pórticos domina el cuerpo de agua.

Se llama Betesda. Una corriente de agua subterránea hacía que ocasionalmente el estanque burbujeara. La gente creía que las burbujas eran causadas por la agitación de las alas de un ángel. También creían que la primera persona en tocar el agua después de que lo hiciese el ángel sería sanada.

Imagínese un campo de batalla cubierto de cuerpos heridos y puede ver a Betesda. Un sinfín de gemidos. Un campo de necesidades sin rostro. La mayoría pasaba de largo ignorando a las personas.

Pero no así Jesús. Él está en Jerusalén para una fiesta. Está solo. No está allí con el fin de enseñar a los discípulos ni para atraer a una multitud. La gente lo necesita… por eso está allí.

¿Se lo puede imaginar? Jesús caminando entre los que sufren. Ha venido gente de muchos kilómetros a la redonda para encontrarse con Dios en el templo. No se imaginan que está con los enfermos. No es posible que piensen que el joven y fuerte carpintero que observa la harapienta escena de dolor es Dios.

Antes de que Jesús lo sane, le formula una pregunta: «¿Quieres quedar sano?»

«Señor… no tengo a nadie que me meta en el estanque cuando se agita el agua, y cuando trato de hacerlo, otro se mete antes» (Jn 5:6-7).

¿Se está quejando el hombre? Quién sabe. Pero antes de que dediquemos mucho tiempo a este pensamiento, observe lo que sucede a continuación.

«—Levántate, recoge tu camilla y anda —le contestó Jesús. Al instante aquel hombre quedó sano, así que tomó su camilla y echó a andar» (vv. 8-9).

Ojalá pudiésemos hacer eso. Desearía que aprendiésemos que lo que Él dice ocurre. Cuando Jesús nos diga que nos levantemos, hagámoslo.

Día 18

Jesús, el Dios-hombre

¿Qué clase de hombre es éste?
—Mateo 8:27

Cuando pasan los cortejos fúnebres la mayoría de las personas callan. Bocas cerradas. Manos cruzadas. Silencio reverente. No así Jesús. El Señor se acercó a la madre del joven muerto, le susurró algo al oído que la hizo volverse y mirar a su hijo. Ella comenzó a objetar, pero se quedó en silencio. Hizo una señal a los portadores del féretro y les dijo: «Esperen».

Jesús caminó hasta donde estaba el muchacho. Con los ojos al nivel del cadáver, habló. No sobre él, como una oración, sino a él, como una orden: «Joven, ¡te ordeno que te levantes!» (Lc 7:14)

Con el tono de un maestro que ordena sentarse a los estudiantes o con la autoridad de una madre que dice a sus hijos que no se mojen en la lluvia, Jesús le ordenó al joven muerto que *no siguiera muerto.* Y el muchacho obedeció. La fría piel se calentó. Los rígidos labios se movieron. Las blancas mejillas enrojecieron. Los hombres bajaron el ataúd, y el joven saltó a los brazos de su madre. Jesús «se lo entregó a su madre» (Lc 7:15).

Una hora después Jesús y su gente estaban cenando. Se rió de un chiste y pidió más pan, y la ironía de todo eso sobresaltaba a Pedro. *¿Quién eres?* Preguntó en tono tan bajo que nadie más que Dios lo pudo oír. *¡Acabas de despertar a un muerto! ¿No deberías estar recubierto de luz, rodeado de ángeles y entronizado más alto que mil césares? No obstante, mírate... te ríes de mis chistes y comes lo que todos comemos. ¿Es esto lo que hacen los vencedores de la muerte? De veras, ¿quién eres?*

Era Dios-hombre. ¿Acaso no necesitamos un salvador que sea Dios y hombre? Un Jesús sólo Dios podría hacernos, pero no comprendernos. Un Jesús sólo hombre podría amarnos, pero no salvarnos. Sin embargo, ¿un Jesús Dios-hombre? Suficientemente cerca para tocarlo. Suficientemente fuerte para confiar en Él. Un Salvador y vecino.

DÍA 19

🎣 🎣

LAS OLAS ESTÁN ESCUCHANDO

¿Quién es éste, que hasta el viento y el mar le
obedecen?
—MARCOS 4:41

Jesús y sus discípulos van en una barca cruzando el mar de Galilea. De repente se desata una tormenta y lo que era plácido se convierte en algo violento: gigantescas olas se elevan desde el mar y azotan la barca. Marcos lo describe claramente: «Se levantó una furiosa tormenta, y las olas golpeaban la barca, tanto que ya comenzaba a inundarse» (Mc 4:37).

Imagínese que está en la barca. Es una nave firme, pero no está hecha para olas de tres metros. Hunde la nariz contra una muralla de agua. La fuerza de las olas inclina peligrosamente la barca hasta que la proa parece apuntar hacia el cielo. Una docena de manos se unen a las suyas para agarrarse del mástil. Sus compañeros de navegación tienen las cabezas mojadas y los ojos muy abiertos. Afina el oído para oír alguna voz que dé calma, pero todo lo que oye son chillidos y oraciones. De repente se da cuenta de que falta alguien. ¿Dónde está Jesús? No está aferrado al mástil. No está agarrado del costado del barco. ¿Dónde está? Se vuelve y mira y allí, hecho un ovillo en la popa del barco, está Jesús ¡durmiendo!

Usted no sabe si maravillarse o enojarse, así que hace las dos cosas. ¿Cómo puede dormir en un momento como este? ¿Cómo podía dormir en medio de una tormenta?

Sencillamente Él la controlaba.

Jesús «se levantó, reprendió al viento y dijo a las olas: ¡Silencio! ¡Cálmense! El viento se calmó y todo quedó completamente tranquilo» (v. 39). Las aguas impetuosas se convierten en un mar tranquilo, al instante. Calma inmediata. No hay olas. No se mueve una gota.

Las olas eran sus siervas y los vientos sus súbditos. Todo el universo fue su reino.

DÍA 20

↝ ↜

LA MANO QUE A ÉL LE GUSTA TOMAR

¡Hija, tu fe te ha sanado! ... Vete en paz y queda
sana de tu aflicción.
—MARCOS 5:34

¿Puede verla? ¿Ve su mano? Retorcida. Delgada. Enferma. Uñas ennegrecidas por la suciedad y piel manchada. Mira cuidadosamente entre las rodillas y los pies de la multitud. Las personas corren detrás de Jesús. Él camina. Ella se arrastra. La gente la golpea, pero ella no se detiene. Otros se le quejan. A ella no le importa. Está desesperada. La sangre no se mantiene en su cuerpo. «Había entre la gente una mujer que hacía doce años padecía de hemorragias» (Mc 5:25).

Por consiguiente, la mujer no tiene nada. Sin dinero. Sin hogar. Sin salud. Sueños arruinados. Fe por los suelos. Despreciada en la sinagoga. Marginada en su comunidad. Había sufrido durante doce años. Está desesperada. Y su desesperación da a luz una idea.

«Oyó hablar de Jesús» (v. 27). Toda sociedad tiene un pajarito me lo contó, incluso —o especialmente— la de los enfermos. Corrió la voz entre leprosos y abandonados: Jesús puede sanar. Y Jesús viene. Por invitación del principal de la sinagoga, viene a Capernaúm.

Cuando la multitud se acerca, la mujer piensa: «Si logro tocar siquiera su ropa, quedaré sana» (v. 28). En el momento adecuado corretea como cangrejo en medio de la turba. Las rodillas le golpean las costillas. Alguien grita: «¡Fuera del camino!» Ella no hace caso ni se detiene.

Toca el manto de Jesús y «Al instante cesó su hemorragia, y se dio cuenta de que su cuerpo había quedado libre de esa aflicción» (v. 29). La vida entra rauda. Las pálidas mejillas se tornan rosadas. La respiración superficial se vuelve profunda.

La enfermedad se llevó la fortaleza de la mujer. ¿Qué le quita la fortaleza a usted? ¿Pérdidas en los negocios? ¿Demasiada bebida? ¿Noches enteras en otros brazos? ¿Tediosos días en un trabajo que no nos gusta? ¿Un embarazo demasiado pronto? ¿Muy a menudo? ¿Es esa mano la suya? De ser así, anímese. Cristo quiere tocarla. Cuando usted extiende la mano en medio de las multitudes, Él lo sabe.

Suya es la mano que a Él le gusta tomar.

Día 21

Cuando Dios suspira

*Luego, mirando al cielo, suspiró profundamente y le
dijo: «¡Efatá!» (que significa: ¡Ábrete!)*
—Marcos 7:34

Tal vez tartamudeaba. Quizá hablaba con un impedimento.
Puede ser que, a causa de su sordera, nunca aprendió a articular bien las palabras.

Jesús no quiso sacarle partido a la ocasión y tomó al hombre aparte de la gente. Lo miró directo a los ojos. Sabiendo que era inútil hablar, explicó con gestos lo que iba a hacer. Escupió y tocó la lengua del hombre, diciéndole que su impedimento para hablar, sin importar lo que fuera, iba a ser quitado. Luego le tocó los oídos, que por primera vez estaban a punto de oír.

Pero antes que el hombre dijera una palabra y oyera un sonido, Jesús hizo algo que yo jamás habría imaginado.

Gimió.

Nunca se me ocurrió pensar que Dios pudiera dar un suspiro. Pienso en Él como alguien que da órdenes. Es el Dios que resucitó muertos con una orden y creó el universo con una palabra... pero ¿un Dios que suspira?

Cuando Jesús miró a los ojos de aquella víctima de Satanás, la única reacción que tuvo fue suspirar. «Nunca debió ser así», fue el significado de aquel suspiro. «Tus oídos no fueron hechos para la sordera; tu lengua no fue hecha para la tartamudez». El desorden de la creación consternó al Maestro.

Nuestra esperanza radica en la agonía de Jesús. Si él no hubiera gemido, seguiríamos en una condición funesta. Si se hubiera resignado considerándolo algo inevitable o se hubiera lavado las manos respecto de todo el asunto, ¿qué esperanza nos quedaría?

Pero esa no fue su reacción. El suspiro santo nos asegura que Dios todavía gime por su pueblo. Él gime por la llegada de aquel día en que todos los suspiros cesarán, cuando todo será como debió ser en un principio.

Día 22

No culpable

El que me sigue no andará en tinieblas, sino que
tendrá la luz de la vida.
—Juan 8:12

La mujer está parada en el centro del círculo. Los hombres que la rodean son líderes religiosos. Fariseos es como les llaman. Autodenominados guardianes de la conducta. El otro hombre, el de las vestiduras sencillas, el que está sentado en el suelo, el que está mirando al rostro de la mujer, es Jesús.

Jesús ha estado enseñando. La mujer ha estado engañando. Y los fariseos tienen la intención de detenerlos a ambos.

«Maestro, esta mujer ha sido sorprendida en el acto mismo de adulterio» (Jn 8:4). En un abrir y cerrar de ojos es arrancada de la pasión privada y lanzada al espectáculo público. Nada puede esconder su vergüenza. Desde este instante en adelante será conocida como la mujer adúltera. Cuando vaya al mercado las mujeres susurrarán. Cuando pase, las cabezas girarán.

«En la ley Moisés nos ordenó apedrear a tales mujeres. ¿Tú qué dices?» (v. 5)

¿Qué hace Jesús? Jesús escribe en la arena. Y mientras escribe dice: «Aquel de ustedes que esté libre de pecado, que tire la primera piedra» (v. 7).

Los jóvenes miran a los ancianos. Los ancianos ven dentro de sus corazones. Son los primeros en dejar caer sus piedras.

«Mujer, ¿dónde están? ¿Ya nadie te condena?» Ella responde: «Nadie, Señor».

Entonces dice Jesús: «Tampoco yo te condeno. Ahora vete, y no vuelvas a pecar» (vv. 10-11).

Si alguna vez se ha preguntado cómo reacciona Dios cuando usted falla, observe con mucha atención. Él está escribiendo. Está dejando un mensaje. No en la arena sino sobre una cruz. No con su mano sino con su sangre. Su mensaje consta de dos palabras: No culpable.

DÍA 23

JESÚS CONTRA LA MUERTE

¿No te dije que si crees verás la gloria de Dios?
—JUAN 11:40

En esta escena hay dos personas: Marta y Jesús.

Las palabras de ella carecen de esperanza. «Si hubieras estado aquí...» (Jn 11:21). Se queda mirando la cara del Maestro con confusión en los ojos. Su hermano Lázaro está muerto, y el único hombre que pudo haber hecho algo al respecto no lo hizo. Hay algo en la muerte que nos hace acusar a Dios de traición. «Si Dios estuviera aquí, no habría muerte», es nuestra queja tácita.

Mejor dicho, si Dios es Dios en cualquier parte y a cualquier hora, tiene que ser Dios a la hora de la muerte. La depresión puede tratarse con psicología popular. El hambre puede contrarrestarse con prosperidad. Pero Dios es el único que puede enfrentar el dilema definitivo: Nuestra muerte. Y el Dios de la

Biblia es el único que se ha atrevido a ir hasta el borde del precipicio y ofrecer una respuesta. Él tiene que ser Dios cuando nos enfrentamos a la muerte. De lo contrario, no es Dios en toda circunstancia y en todo lugar.

Tal vez la paciencia de Jesús hizo que el tono de Marta cambiara de frustración a plegaria: «Pero yo sé que aun ahora Dios te dará todo lo que le pidas» (v. 22).

En ese momento Jesús hace una de esas declaraciones que lo ponen sobre el trono o en el asilo: «Tu hermano resucitará» (v. 23).

Las palabras de Jesús resuenan con eco en las paredes del precipicio. «Yo soy la resurrección y la vida. El que cree en mí vivirá, aunque muera; y todo el que vive y cree en mí no morirá jamás. ¿Crees esto?» (vv. 25-26)

Es un punto decisivo de la historia. Con sus ojos clavados en los de ella, Jesús hace la pregunta más importante en todas las Escrituras: «¿Crees esto?» (v. 26)

Ahí está. La pregunta que conduce a cualquier oyente responsable a la obediencia absoluta o a un rechazo total de la fe cristiana.

Día 24

Jesús cuida su mente

[Jesús] solía retirarse a lugares solitarios para orar.
—Lucas 5:16

Obstinadamente Jesús vigilaba la entrada de su corazón. A muchos pensamientos les negó la entrada. ¿Necesita unos pocos ejemplos?

¿Qué tal en cuanto a la arrogancia? En una ocasión el pueblo decidió hacer a Jesús su rey. Que pensamiento más atractivo. A la mayoría de nosotros nos hubiera encantado la noción de realeza. Pero no Jesús. «Pero Jesús, dándose cuenta de que querían llevárselo a la fuerza y declararlo rey, se retiró de nuevo a la montaña él solo» (Jn 6:15).

Otro ejemplo dramático ocurrió en la conversación de Jesús con Pedro. Después de oír que Jesús anunció que se acercaba la muerte en la cruz, el impetuoso apóstol objetó: «¡De ninguna manera, Señor! ¡Esto no te sucederá jamás!» (Mt 16:22)

Evidentemente Pedro estaba a punto de poner en tela de duda la necesidad del Calvario. Pero nunca tuvo la oportunidad. Jesús cerró la misma entrada. Hizo salir al escape al mensajero y al autor de la herejía: «¡Aléjate de mí, Satanás! Quieres hacerme tropezar; no piensas en las cosas de Dios sino en las de los hombres» (Mt 16:23).

¿Y cuando se burlaron de Jesús? Cuando respondió a una solicitud de que sanara a una muchacha enferma, al entrar en la casa le dijeron que la muchacha había muerto. ¿Su respuesta? «La niña no está muerta sino dormida». ¿Cuál fue la respuesta de la gente que había en la casa? «Empezaron a burlarse de él». Como todos nosotros, Jesús tuvo que enfrentar un momento de humillación; pero, a diferencia de la mayoría de nosotros, rehusó recibirla. Note su respuesta decisiva: «él los sacó a todos» (Mc 5:39-40). Jesús no permitió que la burla entrara en la casa de la muchacha, ni tampoco en su mente.

Jesús guardaba su corazón. Si Él lo hizo, ¿no deberíamos hacer lo mismo?

Día 25

Póngase en la palangana

*A cualquiera que me reconozca delante de los
demás, yo también lo reconoceré delante de mi
Padre que está en el cielo.*
—Mateo 10:32

No es fácil ver a Jesús lavar esos pies.

Ver las manos de Dios tocando los dedos de aquellos hombres es, bueno... no es justo. Los discípulos debían haberse lavado los pies. Natanael podría haber derramado el agua. Andrés los podría haber secado con la toalla. Pero no lo hacen. Ninguno. En lugar de servir, discuten sobre quién es el más grande (Lc 22:24).

Mientras disputan, Jesús se pone de pie. Se quita el manto y retira de la pared la ropa de siervo. Tomando el cántaro, vierte agua en la palangana. Se arrodilla ante ellos con una esponja y empieza a lavarlos. La toalla con que se ciñó es también con la que les seca los pies.

Esto no es justo.

¿No es suficiente que por la mañana esas manos vayan a ser taladradas? ¿También deben restregar esta noche la mugre? Y los discípulos... ¿merecen tener los pies lavados?

Mira alrededor de la mesa, Jesús. De los doce, ¿cuántos permanecerán contigo cuando estés ante Pilato? ¿Cuántos sufrirán contigo los azotes de los soldados romanos? ¿Y qué discípulo estará lo suficientemente cerca de ti para encorvarse a tu lado y llevar tu carga cuando caigas por el peso de la cruz?

Ninguno. Nadie.

Pero la limpieza no es un simple gesto; es una necesidad. Escuche lo que dice Jesús: «Si no te los lavo, no tendrás parte conmigo» (Jn 13:8).

Nunca estaremos limpios mientras no confesemos que estamos sucios. Nunca alcanzaremos la pureza mientras no admitamos nuestra inmundicia. Y nunca podremos lavar los pies de quienes están heridos mientras no permitamos que Jesús, aquel que hemos herido, lave los nuestros.

Día 26

Acuda primero a Dios

No se angustien. Confíen en Dios, y confíen
también en mí.
—Juan 14:1

Es la expresión de Jesús lo que nos asombra. Nunca hemos visto su rostro en esta forma.

Jesús sonriente, sí.

Jesús llorando, claro.

Jesús severo, aun eso.

Pero, ¿Jesús angustiado? ¿Con las mejillas surcadas de lágrimas? ¿Con el rostro bañado en sudor? ¿Con gotas de sangre corriendo por su barbilla? Usted recuerda esa noche.

Jesús «se arrodilló y empezó a orar: "Padre, si quieres, no me hagas beber este trago amargo; pero no se cumpla mi voluntad, sino la tuya." ... y su sudor era como gotas de sangre que caían a tierra» (Lc 22:41-44).

Jesús estaba más que ansioso; tenía miedo. Es notable que Jesús sintiera tal temor. Pero qué bondad la suya al contárnoslo. Nosotros tendemos a hacer lo contrario. Disfrazamos nuestros miedos. Los ocultamos. Ponemos las manos sudorosas en los bolsillos, la náusea y la boca seca las mantenemos en secreto. Jesús no lo hizo así. No vemos una máscara de fortaleza. Escuchamos una petición de fortaleza.

«Padre, si quieres, no me hagas beber este trago amargo». El primero en oír este temor es su Padre. Pudiera haber acudido a su madre. Podría haber confiado en sus discípulos. Podría haber convocado una reunión de oración. Todo podría ser apropiado, pero ninguna otra cosa era su prioridad.

¿Cómo soportó Jesús el terror de la crucifixión? Primero fue al Padre con sus temores. Fue ejemplo de las palabras del salmo 56:3: «Cuando siento miedo, pongo en ti mi confianza».

Haga lo mismo con sus temores. No eluda los huertos de Getsemaní de la vida. Entre en ellos. Pero no entre solo. Mientras esté allí, sea honesto. Se permite golpear el suelo. Se permiten las lágrimas. Y si su sudor se convierte en sangre, no será usted el primero. Haga lo que Jesús hizo: abra su corazón.

Día 27

La increíble traición

A mí me dejarán solo. Sin embargo, solo no estoy,
porque el Padre está conmigo.
—Juan 16:32

La noche antes de su muerte todo un basurero muy real de ayes cayó sobre Jesús. En algún punto entre la oración en el Getsemaní y la farsa del juicio se halla lo que sería la escena más lóbrega del drama de la historia humana.

«Lo acompañaba [a Judás] una gran turba armada con espadas y palos, enviada por los jefes de los sacerdotes y los ancianos del pueblo... Entonces los hombres se acercaron y prendieron a Jesús» (Mt 26:47, 50).

Judas llegó con una chusma enfurecida. Juan es incluso más específico. El término que emplea es el vocablo griego *speira* o «un destacamento de soldados» (Jn 18:3). Por lo mínimo una *speira* indica un grupo de doscientos soldados.

De seguro que en un grupo así de numeroso habrá una persona que defenderá a Jesús. Auxilió a tantos. Todos los sermones. Todos los milagros. Así que esperamos por lo menos una persona que declare: «¡Jesús es inocente!» Pero nadie lo hace. La gente que había venido a salvar se volvió en su contra.

Casi podemos perdonar a la multitud. Su contacto con Jesús fue demasiado breve, demasiado casual. Tal vez no sabía otra cosa mejor. Pero los discípulos si sabían. Sabían más. Le conocían a *Él* mejor. Pero, ¿defendieron a Jesús? Ni en sueños. La píldora más amarga que Jesús tuvo que tragar fue *la increíble traición* de parte de sus discípulos. «Entonces todos los discípulos lo abandonaron y huyeron» (Mt 26:56).

Desde el punto de vista humano el mundo de Jesús se derrumbó. Ninguna ayuda de la gente, y nada de lealtad de parte de sus amigos. Pero no fue así como Jesús la vio. Él vio algo enteramente diferente. No estaba ajeno a las circunstancias; sencillamente no estaba limitado por ellas. De alguna manera Él fue capaz de ver bien en el mal, el propósito en el dolor y la presencia de Dios en el problema.

DÍA 28

EL PUNTO DE LA CORONA

*Los soldados del gobernador llevaron a Jesús al
palacio... Le quitaron la ropa y le pusieron un
manto de color escarlata. Luego trenzaron una
corona de espinas y se la colocaron en la cabeza.*
—MATEO 27:27-29

A través de la Escritura las espinas simbolizan, no el pecado,
sino la consecuencia del pecado (Génesis 3:17-18; Números
33:55; Proverbios 22:5). El fruto del pecado es espinas. Púas,
lancetas afiladas que cortan.

Pongo especial énfasis en las espinas para decirle algo en lo
cual quizás nunca había pensado: Si el fruto del pecado es espi-
nas, ¿no es la corona de espinas en las sienes de Cristo un cua-
dro del fruto de nuestro pecado que atravesó su corazón?

¿Cuál es el fruto del pecado? Adéntrese en el espino-
so terreno de la humanidad y sentirá unas cuantas punzadas.

Vergüenza. Miedo. Deshonra. Desaliento. Ansiedad. ¿No han nuestros corazones quedado atrapados en estas zarzas?

No ocurrió así con el corazón de Jesús. Él nunca ha sido dañado por las espinas del pecado. Él nunca conoció lo que tú y yo enfrentamos diariamente. ¿Ansiedad? ¡Él nunca se turbó! ¿Culpa? Él nunca se sintió culpable. ¿Miedo? Él nunca se alejó de la presencia de Dios. Jesús nunca conoció los frutos del pecado... hasta que se hizo pecado por nosotros.

Y cuando tal cosa ocurrió, todas las emociones del pecado se volcaron sobre él, como sombras en una foresta. Se sintió ansioso, culpable, solo. ¿No lo ves en la emoción de su clamor?: «Dios mío, Dios mío, ¿por qué me has desamparado?» (Mt 27:46). Estas no son las palabras de un santo. Es el llanto de un pecador.

Y esta oración es una de las partes más destacadas de su venida. Pero aun puedo pensar en algo todavía más grande. ¿Quieres saber qué es? ¿Quieres saber qué fue lo más maravilloso de Aquel que cambió la corona de los cielos por una corona de espinas?

Que lo hizo por ti. Sí, por ti.

DÍA 29

EL PRIMER PASO HACIA LA CRUZ

Dios no envió a su Hijo al mundo para condenar al
mundo, sino para salvarlo por medio de él.
—JUAN 3:17

El camino más famoso en el mundo es la Vía Dolorosa, «la ruta de la tristeza». Según la tradición, es la ruta que Jesús tomó desde el palacio de Pilato al Calvario. La ruta está marcada por estaciones usadas frecuentemente por los cristianos para sus devociones. Una de las estaciones marca el paso del veredicto de Pilato. Otra, la aparición de Simón para ayudar a llevar la cruz. Dos estaciones recuerdan las caídas de Jesús y otra sus palabras. Entre todas, hay catorce estaciones, cada una recordando los sucesos de la caminata final de Cristo.

¿Es la ruta verdadera? Probablemente no. Cuando en el año 70 D.C. y más tarde en el 135 A.C. Jerusalén fue destruida, las calles de la ciudad lo fueron también. Como resultado, nadie sabe exactamente cuál fue la ruta que Jesús siguió aquel viernes.

Pero nosotros sabemos dónde comienza este camino. Comienza no en la corte de Pilato sino en los salones del cielo. Jesús inició su jornada cuando dejó su hogar para venir en busca nuestra. Inició la búsqueda armado con nada más que una pasión para ganar tu corazón. Su deseo era singular: traer a los hijos de Dios de vuelta a casa. La Biblia tiene una palabra para esta búsqueda: *reconciliación*.

«En Cristo, Dios estaba reconciliando al mundo consigo mismo» (2 Co 5:19). La palabra griega que se traduce *reconciliación* quiere decir «hacer que algo sea diferente».[1] La reconciliación remienda lo descosido, invierte la rebelión, vuelve a encender la pasión que se ha enfriado.

La reconciliación toca el hombro del extraviado y lo pone en camino hacia el hogar.

El camino a la cruz nos dice exactamente hasta dónde va a llegar Dios para hacernos volver.

DÍA 30

ÉL VIO LA LISTA

*Jesús... soportó la cruz, menospreciando la
vergüenza que ella significaba, y ahora está sentado
a la derecha del trono de Dios.*
—HEBREOS 12:2

Venga conmigo al cerro del Calvario. Observe a los soldados
que empujan al Carpintero para que caiga y estiran sus brazos
sobre el madero travesaño. Uno presiona con su rodilla sobre
el antebrazo mientras pone un clavo sobre su mano. Justo en
el momento en que el soldado alza el martillo, Jesús vuelve la
cabeza para mirar el clavo.

¿No pudo Jesús haber detenido el brazo del soldado? Con
un leve movimiento de sus bíceps, con un apretón de su puño
pudo haberse resistido. ¿No se trataba de la misma mano que
calmó la tempestad? ¿Que resucita a los muertos?

Pero el puño no se cerró… y nada perturbó el desarrollo de la tarea.

El mazo cayó, la piel se rompió y la sangre empezó a gotear y luego a manar en abundancia. Vinieron entonces las preguntas: ¿Por qué? ¿Por qué Jesús no opuso resistencia?

«Porque nos amaba», contestamos. Es verdad. Una verdad maravillosa aunque, perdóneme, una verdad parcial. Él tuvo más que esa razón. Vio algo que lo hizo mantenerse sumiso. Mientras el soldado le presionaba el brazo Jesús volvió la cabeza hacia el otro lado, y con su mejilla descansando sobre el madero, vio:

¿Un mazo? Sí.

¿Un clavo? Sí.

¿La mano del soldado? Sí.

Pero vio algo más. Entre sus manos y la madera había una lista. Una larga lista. Una lista de nuestras faltas: nuestras concupiscencias y mentiras y momentos de avaricia y nuestros años de perdición. Una lista de nuestros pecados.

Las malas decisiones del año pasado. Las malas actitudes de la semana pasada. Allí abierta a la luz del día para que todos los que están en el cielo puedan verla, estaba la lista de las faltas suyas.

¡Vio la lista! Él sabía que el precio de aquellos pecados era la muerte. Él sabía que la fuente de tales pecados era usted, y como no pudo aceptar la idea de pasar la eternidad sin usted, escogió los clavos.

Día 31

Avergonzado

Al día siguiente Juan vio a Jesús que se acercaba
a él, y dijo: «¡Aquí tienen al Cordero de Dios, que
quita el pecado del mundo!»
—Juan 1:29

Cada aspecto de la crucifixión tenía el propósito no solo de hacer sufrir a la víctima, sino avergonzarla. Por lo general, la muerte de cruz estaba reservada para los delincuentes más viles: esclavos, asesinos y así por el estilo. A la persona condenada se la hacía caminar por las calles de la ciudad, cargando el travesaño de la cruz y llevando colgada del cuello una placa donde se indicaba su delito. En el lugar de la crucifixión lo desnudaban y se mofaban de él.

La crucifixión era tan aborrecible que Cicerón escribió: «Alejen hasta el nombre de la cruz no solo del cuerpo de un ciudadano romano, sino aun de sus pensamientos, ojos y oídos».[2]

Jesús no solo fue avergonzado ante su pueblo, sino que fue avergonzado también ante el cielo.

Ya que cargó con los pecados de homicidio y adulterio, sintió la vergüenza del homicida y del adúltero. Aunque nunca mintió, cargó con la vergüenza del mentiroso. Aunque nunca engañó, sintió la vergüenza de un engañador. Como llevó el pecado del mundo, sintió la vergüenza colectiva del mundo.

Mientras estuvo en la cruz, Jesús sintió la indignidad y la vergüenza de un criminal. No, no era culpable. No, él no había cometido pecado. Y, no, no merecía ser sentenciado. Pero tú y yo sí lo merecíamos. Y estuvimos en pecado y fuimos culpables.

«Él tomó nuestro lugar» (ver Gálatas 3:13).

Día 32

La ropa de Cristo en la cruz

Tomaron su manto y lo partieron en cuatro partes,
una para cada uno de ellos. Tomaron también la
túnica, la cual no tenía costura, sino que era de
una sola pieza, tejida de arriba abajo. —No la
dividamos —se dijeron unos a otros—. Echemos
suertes para ver a quién le toca.
—Juan 19:23-24

Debe de haber sido la más fina posesión de Jesús. Según la tradición judía, la madre tejía una túnica como un regalo a su hijo cuando este abandonaba el hogar. ¿Había hecho María esta túnica para Jesús? No lo sabemos. Pero sabemos que la túnica no tenía costuras sino que era un solo tejido, de arriba abajo. ¿Tiene esto alguna importancia?

A menudo la Escritura describe nuestra conducta como la ropa que usamos. Pedro nos dice: «Revístanse todos de humildad» (1 P 5:5). David habla de las personas malas que se visten «de maldición» (Sal 109:18). La ropa puede simbolizar el carácter y, como su ropa, el carácter de Jesús fue perfección ininterrumpida.

El carácter de Jesús fue una tela sin costuras tejida desde el cielo a la tierra... desde los pensamientos de Dios a las acciones de Jesús. Desde las lágrimas de Dios a la compasión de Jesús. Desde la Palabra de Dios a la reacción de Jesús. Toda una sola pieza.

Pero cuando Jesús fue clavado en la cruz, él se quitó su túnica de perfección sin costura y se cubrió de una túnica diferente: la túnica de la indignidad.

La indignidad de la desnudez. Desnudo ante su propia madre y sus seres amados. Avergonzado ante su familia.

La indignidad del fracaso. Por unas pocas horas llenas de dolor, los líderes religiosos fueron los victoriosos, y Cristo apareció como el perdedor. Avergonzado ante sus acusadores.

Y lo peor, estaba vestido de la *indignidad del pecado.* «Él mismo, en su cuerpo, llevó al madero nuestros pecados» (1 P 2:24).

¿El vestido de Cristo en la cruz? Pecado: el suyo y el mío. Los pecados de toda la humanidad.

Día 33

Dos ladrones, dos decisiones

Por lo tanto, ya no hay ninguna condenación para
los que están unidos a Cristo Jesús.
—Romanos 8:1

¿Te has preguntado alguna vez por qué hubo dos cruces cerca de Cristo? ¿Por qué no seis o diez? ¿Y te has preguntado por qué Jesús estaba en el centro? ¿Por qué no a la derecha, o bien a la izquierda? ¿No será que las dos cruces en el cerro simbolizan uno de los regalos más grandes de Dios, el don de elegir?

Los dos criminales tienen mucho en común. Condenados por el mismo sistema. Condenados a una muerte idéntica. Rodeados de la misma multitud. Igualmente cerca del propio Jesús. E incluso, comienzan ambos con el mismo sarcasmo: «Así también lo insultaban los bandidos que estaban crucificados con él» (Mt 27:44).

Pero uno cambió. Le dijo: «Jesús, acuérdate de mí cuando vengas en tu reino». Jesús le contestó: «Te aseguro que hoy estarás conmigo en el paraíso» (Lc 23:42-43).

Piense en el ladrón que se arrepintió. Aunque sabemos muy poco de él, sabemos que en su vida cometió muchas faltas. Escogió compañeros malos, la moralidad errónea, la conducta equivocada. ¿Pero podría decirse que su vida fue un desperdicio? ¿Está pasando la eternidad con todos los frutos de sus malas decisiones? No. Todo lo contrario. Está disfrutando del fruto de la única decisión buena que hizo. Al final, todas sus malas decisiones fueron redimidas por una sola buena.

En su vida usted ha hecho algunas malas decisiones, ¿no es cierto? Mira su vida hacia atrás y se dice: «Si pudiera... si pudiera reparar las malas decisiones». ¡Puede! Una buena decisión para la eternidad compensa miles de malas decisiones hechas sobre la tierra.

Usted tiene que tomar la decisión.

Día 34

ABANDONADO POR DIOS

*Ciertamente él cargó con nuestras enfermedades
y soportó nuestros dolores, pero nosotros lo
consideramos herido, golpeado por Dios, y
humillado.*
—ISAÍAS 53:4

Los ruidos se entremezclaban en la colina: Burlas de fariseos, sonidos metálicos de espadas y moribundos que gemían. Jesús apenas habla. Cuando lo hace, brillan diamantes contra el terciopelo. Da gracia a sus asesinos y un hijo a su madre. Responde la oración de un ladrón y pide de beber a un soldado.

Entonces, al mediodía, cae la oscuridad como una cortina. «Desde el mediodía y hasta la media tarde toda la tierra quedó en oscuridad» (Mt 27:45).

Son tinieblas sobrenaturales. No es una reunión casual de nubes ni un breve eclipse de sol. Es un manto de oscuridad de tres horas. Los mercaderes de Jerusalén encienden velas. Los soldados prenden antorchas. El universo sufre. El cielo llora.

Cristo levanta hacia el cielo la pesada cabeza y los párpados caídos, y gasta sus últimas energías gritando hacia las esquivas estrellas: «*Elí, Elí, ¿lema sabactani?* Esto es: Dios mío, Dios mío, ¿por que me has abandonado?» (v. 46, BLA)

Nosotros preguntaríamos lo mismo. ¿Por qué Él? ¿Por qué abandonaste a tu Hijo? Abandona a los asesinos. Desatiende a los malhechores. Vuelve la espalda a pervertidos y traficantes del dolor. Abandónalos a ellos, no a Él. ¿Por qué abandonas a la única alma sin pecado en la tierra?

¿Qué sintió Cristo en la cruz? El gélido desagrado de un Dios que odia el pecado. ¿Por qué? Porque «Él mismo, en su cuerpo, llevó al madero nuestros pecados» (1 P 2:24).

Con las manos abiertas por los clavos, Él invitó a Dios: «¡Trátame como los tratarías!» Y Dios lo hizo. En una acción que destrozó el corazón del Padre, pero que honró la santidad del cielo, el castigo que purga pecado cayó sobre el eterno e inmaculado Hijo.

Y el cielo dio a la tierra su regalo más excelente. El Cordero de Dios que quita los pecados del mundo.

«Dios mío, Dios mío, ¿por que me has abandonado?» ¿Por qué gritó Cristo esas palabras? Para que usted nunca tuviera que hacerlo.

DÍA 35

«TODO SE HA CUMPLIDO»

Fijemos la mirada en Jesús, el iniciador y
perfeccionador de nuestra fe.
—HEBREOS 12:2

La expresión de Jesús se suavizó. Y la tarde cayó mientras él
decía las que habrían de ser sus últimas palabras: «Todo se ha
cumplido... Padre, en tus manos encomiendo mi espíritu» (Jn
19:30; Lc 23:46).

Y al exhalar su suspiro final, la tierra se sacudió repentina-
mente. Una roca se desprendió y empezó a rodar mientras un
soldado tropezaba. Luego, tan repentinamente como el silen-
cio fue roto, se restableció.

Y ahora todo está quieto. Las burlas han cesado. Nadie se
mofa.

Los soldados están atareados limpiando los vestigios de muerte. Han venido dos hombres. Bien vestidos y de modales finos, se les entrega el cuerpo de Jesús.

Y nosotros nos quedamos con los residuos de su muerte. Tres clavos en un arca. Tres sombras que tienen la forma de cruces. Una corona entretejida con manchas rojas.

Grotesco, ¿no? ¿Que esta sangre no sea sangre de hombre sino de Dios?

Ridículo, ¿verdad? ¿Que con esos clavos hayan colgado los pecados suyos en una cruz?

Absurdo, ¿no le parece? ¿Que la oración de un canalla haya obtenido respuesta? ¿O, más absurdo, que otro delincuente no haya querido orar?

Chifladuras e ironías. El cerro del Calvario es, precisamente, esas dos cosas.

Nosotros habríamos programado el momento en una forma diferente. ¡Pregúntenos cómo debió Dios de haber redimido el mundo y se lo diremos! Caballos blancos, espadas llameantes. El maligno aplastado. Dios sobre su trono.

¿Pero Dios sobre una cruz? ¿Un Dios sobre una cruz con los labios hendidos, los ojos inflamados y sangrando? ¿Una esponja arrojada a su rostro? ¿Una espada clavada en su costado? ¿Dados lanzados a sus pies?

No. No habríamos podido escribir el drama de la redención de esta manera. Pero, de nuevo, nadie nos pidió hacerlo. Estos actores, principales y secundarios, fueron reclutados en el cielo y ordenados por Dios. No se nos pidió a nosotros fijar la hora.

Pero sí se nos ha pedido que reaccionemos a ella.

DÍA 36

✦ ✦

AMIGOS SECRETOS

Se presentó ante Pilato para pedirle el cuerpo de
Jesús, y Pilato ordenó que se lo dieran.
—MATEO 27:58

Vienen como amigos. Eso sí, amigos secretos. Pero amigos al fin de cuentas.

«Ya puede bajarlo, soldado. Yo me encargo de él».

El soldado apoya una escalera sobre el madero del centro, sube despacio y quita la estaca que sostiene la viga transversal de la cruz. Dos soldados más, complacidos al ver casi terminada la faena del día, ayudan con la tarea pesada de bajar al suelo el travesaño y el cuerpo clavado.

«Tengan cuidado», dice José.

Los clavos de diez centímetros son sacados con palanca de la viga. El cuerpo que sirvió de morada terrestre al Salvador es levantado y puesto sobre una piedra grande.

«Es todo suyo», dice el centinela.

Los amigos no están acostumbrados a este tipo de trabajo, pero sus manos se aprestan a la urgente labor del momento.

José de Arimatea se arrodilla detrás de la cabeza de Jesús y limpia cuidadosamente el rostro herido. Con un paño suave y humedecido quita la sangre que corrió en Getsemaní, la que brotó con cada latigazo y la que sacó a borbotones la corona de espinas.

Nicodemo desenrolla una sábana que José trajo y la pone sobre la roca junto al cuerpo. Los dos líderes judíos levantan el cuerpo de Jesús y lo colocan en la sábana para envolverlo, pero primero lo ungen con especias aromáticas y ungüentos. Cuando Nicodemo toca los pómulos del Maestro al untarlos con áloe, la emoción que ha reprimido se escapa. Su propia lágrima cae en el rostro del Rey crucificado y le toca hacer una pausa para quitarse otra. El dirigente judío, ya mayor de cincuenta años, mira con anhelo profundo e inefable al joven galileo.

La alta sociedad de Jerusalén no iba a ver con buenos ojos que dos de sus líderes religiosos dieran sepultura a un revolucionario, pero José y Nicodemo no consideraron otra alternativa. Ciertamente, preferían salvar sus almas a su pellejo.

Día 37

Se permite volver a soñar

Al amanecer del primer día de la semana...
—MATEO 28:1

María, la madre de Santiago y de José, y María Magdalena han venido para untar con óleos tibios un frío cuerpo y decir adiós al único hombre que dio motivo a sus esperanzas.

Las mujeres pensaban que estaban a solas. Pero no era así. Pensaban que su travesía pasaba inadvertida. Estaban equivocadas. Dios lo sabía. Y les tenía preparada una sorpresa.

«Un ángel del Señor bajó del cielo y, acercándose al sepulcro, quitó la piedra y se sentó sobre ella» (Mt 28:2).

¿Por qué el ángel removió la piedra? ¿Para quién hizo rodar la piedra?

¿Para Jesús? Eso es lo que siempre pensé. Pero reflexione acerca de eso. ¿Era acaso necesario que la piedra fuese removida para que Jesús pudiera salir? ¿Necesitaba Dios alguna ayuda? ¿Se encontraba el vencedor de la muerte debilitado al punto de no poder desplazar una piedra de un empujón?

No lo creo. El texto da la impresión de que ¡Jesús ya había salido cuando fue removida la piedra! ¿Para quién fue desplazada la piedra?

Escuche lo que dice el ángel: «Vengan a ver el lugar donde lo pusieron» (v. 6).

La piedra no fue removida para Jesús sino para las mujeres; no para que Jesús pudiese salir, ¡sino para que las mujeres pudiesen mirar hacia adentro!

María mira a María y ésta sonríe de la misma manera que lo hizo cuando los panes y los peces seguían saliendo de la cesta. Repentinamente está permitido volver a soñar.

«Luego vayan pronto a decirles a sus discípulos: "Él se ha levantado de entre los muertos y va delante de ustedes a Galilea. Allí lo verán» (v. 7).

María y María no tienen necesidad de que el mensaje sea repetido. Giran sobre sus talones y comienzan a correr en dirección a Jerusalén. La oscuridad se ha ido. Ha salido el sol. El Hijo se ha levantado.

Las telas de la victoria

Ahora bien, sabemos que Dios dispone todas las cosas
para el bien de quienes lo aman, los que han sido
llamados de acuerdo con su propósito.
—Romanos 8:28

Muy temprano el domingo por la mañana, Pedro y Juan recibieron la noticia: «¡El cuerpo de Jesús ha desaparecido!» De inmediato, los dos discípulos corrieron al sepulcro, adelantándose Juan a Pedro, por lo cual llegó primero. Lo que vio fue tan impresionante que se quedó como petrificado a la entrada de la tumba.

¿Qué vio? «Las vendas». Vio «el sudario que había cubierto la cabeza de Jesús aunque el sudario no estaba con las vendas sino enrollado en un lugar aparte». Vio «las vendas» (Jn 20:5-7).

El original griego ofrece una interesante ayuda en cuanto a esto. Juan emplea un término que quiere decir «enrollado», «doblado». Las que envolvieron el cuerpo no habían sido desenrolladas ni desechadas. ¡Estaban intactas! Nadie las había tocado. Seguían allí, enrolladas y dobladas.

¿Cómo pudo ocurrir esto?

Si sus amigos habían sacado el cuerpo de allí, ¿no se habrían llevado también la tela que lo envolvía? ¿Y si hubiesen sido los enemigos, no habrían hecho lo mismo?

Si no, si por alguna razón amigos o enemigos hubieran desenvuelto el cuerpo, ¿habrían sido tan meticulosos como para dejar la tela desechada en forma tan ordenada? Por supuesto que no.

Pero si ni amigos ni enemigos se llevaron el cuerpo, ¿quién lo hizo?

Esta era la pregunta de Juan y esta pregunta le llevó a hacer un descubrimiento. «Vio y creyó» (Jn 20:8).

A través de las telas de muerte, Juan vio el poder de la vida. ¿Sería posible que Dios usara algo tan triste como es el entierro de alguien para cambiar una vida?

Pero Dios acostumbra hacer cosas así:

En sus manos, jarrones de vino vacíos en una boda llegaron a ser símbolos de poder.

Un rústico establo de Belén es su símbolo de devoción.

Y un instrumento de muerte es un símbolo de su amor.

DÍA 39

GRACIA ANTES DEL DESAYUNO

—Vengan a desayunar —les dijo Jesús.
—JUAN 21:12

Los pensamientos de Pedro son interrumpidos por un grito desde la costa. «¿Han pescado algo?»

Pedro y Juan levantan la vista. Probablemente se trate de algún habitante del pueblo. «¡No!», gritan ellos.

«¡Prueben del otro lado!», les vuelve a gritar la voz.

Juan mira a Pedro. ¿Qué daño puede hacer? De manera que nuevamente sale volando la red. Pedro envuelve su muñeca con la soga para esperar.

Pero no hay espera. La soga se pone tirante y la red tensa. Pedro apoya su peso contra el costado de la barca y comienza a halar la red; extiende su mano hacia abajo, hala hacia arriba, la extiende hacia abajo, hala hacia arriba. Está tan inmerso en la tarea que se le escapa el mensaje.

A Juan no. El momento le resulta conocido. Esto ha sucedido anteriormente. La larga noche. La red vacía. El llamado a lanzar nuevamente la red. Los peces agitándose dentro de la barca. ¡Un momento! Levanta su vista para mirar al hombre en la costa. «¡Es Él!», susurra.

Luego levanta más la voz: «Es Jesús».

Pedro se vira y mira. Jesús el Dios del cielo y de la tierra está en la playa. Y está preparando un fuego.

Pedro se zambulle en el mar, nada hasta la costa y sale tropezando, mojado, tiritando y se para delante del amigo traicionado. Jesús ha preparado unas brasas.

Por una de las pocas veces en su vida, Pedro está en silencio. ¿Qué pudiera decir que fuera suficiente? El momento es demasiado sagrado para las palabras. Dios le está ofreciendo desayuno al amigo que lo traicionó. Y Pedro, una vez más, encuentra gracia en Galilea.

Día 40

Su vida *es* vida

Yo he venido para que tengan vida.
—Juan 10:10

El corazón de Jesús fue puro. Miles adoraban al Salvador, sin embargo estaba contento con una vida sencilla. Había mujeres que lo atendían (Lc 8:1-3), sin embargo jamás se le acusó de pensamientos lujuriosos; su propia creación lo despreció, pero voluntariamente los perdonó incluso antes de que pidieran misericordia. Pedro, quien acompañó a Jesús por tres años y medio, le describe como «un cordero sin mancha y sin defecto» (1 P 1:19). Después de pasar el mismo tiempo con Jesús, Juan concluyó: «Y él no tiene pecado» (1 Jn 3:5).

El corazón de Jesús fue pacífico. Los discípulos se preocuparon por la necesidad de alimentar a miles, pero Jesús no. Agradeció a Dios por el problema. Los discípulos gritaron por miedo a la tempestad, pero Jesús no. Él dormía. Jesús levantó su mano para sanar. Su corazón tenía paz. Cuando sus discípulos lo abandonaron, ¿se enfadó y se fue a su casa? Cuando Pedro lo negó, ¿perdió Jesús los estribos? Cuando los soldados le escupieron en la cara, ¿les vomitó fuego encima? Ni pensarlo. Tenía paz. Los perdonó. Rehusó dejarse llevar por la venganza.

También rehusó dejarse llevar por nada que no fuera su alto llamamiento. Su corazón estaba lleno de propósitos. La mayoría de las vidas no se proyectan hacia algo en particular, y nada logran. Jesús se proyectó hacia una sola meta: salvar a la humanidad de sus pecados. Pudo resumir su vida con una frase: «Porque el Hijo del hombre vino a buscar y a salvar lo que se había perdido» (Lc 19:10).

El mismo que salvó su alma anhela rehacer su corazón. Dios está dispuesto a cambiarnos a semejanza del Salvador. ¿Aceptaremos su oferta?

NOTAS

CAPÍTULO 1: LA CONVERSACIÓN MÁS FAMOSA DE LA BIBLIA

1. Una columnata en el costado oriental del templo, llamada así por una tradición según la cual se trataba de una reliquia del templo de Salomón que quedó en pie tras la destrucción de Jerusalén por los babilonios. (Véase *Bible Encyclopedia*, «Pórtico de Salomón», en el sitio ChristianAnswers.net, http://www.christiananswers. net/dictionary/porchsolomons.html.)

2. Los ejemplares más antiguos de los libros del Nuevo Testamento fueron escritos en griego, por eso los estudios de palabras griegas arrojan luz sobre el significado de los pasajes del Nuevo Testamento.

3. *The New Testament Greek Lexicon*, «pa/lin», Heartlight's SearchGodsWord, http://www.searchgodsword.org/lex/grk/browse.cgi?letter=p&sn=21&pn=2.

4. Ibid., «anothen», Heartlight's SearchGodsWord, http://www. searchgodsword.org/lex/grk/view.cgi?number=509&1=en.

5. Stanley Barnes, comp., *Sermons on John 3:16* (Greenville, SC: Ambassador Productions, 1999), p. 90.

6. James Montgomery Boice, *The Gospel of John: An Expositional Commentary* (Grand Rapids: Zondervan, 1985), p. 195.
7. Barnes, *Sermons on John 3:16*, p. 25.

CAPÍTULO 2: NADIE COMO ÉL

1. Andy Christofides, *The Life Sentence: John 3:16* (Waynesboro, GA: Paternoster Publishing, 2002), p. 11.
2. Guillermo González y Jay W. Richards, *The Privileged Planet: How Our Place in the Cosmos Is Designed for Discovery* (Washington, DC: Regnery Publishing, 2004), p. 143 [*El planeta privilegiado: Cómo nuestro lugar en el cosmos está diseñado para el descubrimiento* (Madrid: Ediciones Palabra, 2006)].
3. Christofides, *The Life Sentence*, p. 13.
4. "Liftoff to Space Exploration", NASA, http://liftoff.msfc.nasa.gov.
5. Bob Sheehan, "A Self-Revealing God", *Reformation Today*, no. 127, mayo-junio 1992, p. 6.
6. Carl Sagan, *Pale Blue Dot: A Vision of the Human Future in Space* (Nueva York: Ballantine Books, 1994), p. 7 [*Un punto azul pálido* (Barcelona: Planeta, 1995)], citado en González y Richards, *The Privileged Planet*, p. x.
7. Bill Tucker (su discurso en la conferencia de varones de la iglesia Oak Hills Church, San Antonio, Texas, 3 mayo 2003).

CAPÍTULO 3: ESPERANZA PARA LOS DE DURO CORAZÓN

1. Thomas Maeder, "A Few Hundred People Turned to Bone", *Atlantic* Online, http://www.theatlantic.com/doc/199802/bone.

CAPÍTULO 4: CUANDO LO SACAN A UNO DE TAQUITO

1. Ker Than, "Pluto Is Now Just a Number: 134340", MSNBC. com, http://msnbc.msn.com/id/14789691.

2. John S. Feinberg, gen. ed., *No One Like Him: The Doctrine of God* (Wheaton, IL: Crossway Books, 2001), p. 349.

3. R. Laird Harris, Gleason Archer y Bruce K. Waltke, editores, *Theological Wordbook of the Old Testament*, vol. 1 (Chicago: Moody, 1980), p. 332, citado en Feinberg, *No One Like Him*, p. 349.

4. Ernest K. Emurian, *Living Stories of Famous Hymns* (Boston: W. A. Wilde Company, 1955), pp. 99-100, y Robert J. Morgan, *Then Sings My Soul: 150 of the World's Greatest Hymn Stories* (Nashville: Thomas Nelson, 2003), p. 207.

5. W. E. Vine, *Expository Dictionary of New Testament Words: A Comprehensive Dictionary of the Original Greek Words with Their Precise Meanings for English Readers* (McClean, VA: MacDonald Publishing Company, s.f.), p. 703 [*Diccionario Expositivo de Palabras del Nuevo y Antiguo Testamento de Vine* (Nashville: Grupo Nelson, 1998)].

6. Tim Russert, *Wisdom of Our Fathers: Lessons and Letters from Daughters and Sons* (Nueva York: Random House, 2006), pp. 235-236.

CAPÍTULO 5: EL UNIGÉNITO Y EL ÚNICO

1. James R. White, *The Forgotten Trinity: Recovering the Heart of Christian Belief* (Minneapolis: Bethany House, 1998), pp. 201-203, nota 27.

2. Edward W. Goodrick, ed., John R. Kohlenberger III y James A. Swann, editores asociados, *Zondervan NIV Exhaustive*

Concordance, 2⁰ ed. (Grand Rapids: Zondervan, 1999), p. 4778, #4742.

CAPÍTULO 6: EL CORAZÓN QUE NOS OFRECE

1. The Hunger Site, http://www.thehungersite.com.
2. Os Guinness, *Unspeakable: Facing Up to Evil in an Age of Genocide and Terror* (San Francisco: HarperSanFrancisco, 2005), pp. 4-5.
3. Edward W. Goodrick, ed., John R. Kohlenberger III y James A. Swann, editores asociados, *Zondervan NIV Exhaustive Concordance, 2ⁿᵈ ed.* (Grand Rapids: Zondervan, 1999), p. 4778, #4742.
4. Stanley Barnes, comp., *Sermons on Juan 3:16* (Greenville, SC: Ambassador Productions, 1999), p. 79.
5. Donald Grey Barnhouse, *Let Me Illustrate: More Than 400 Stories, Anecdotes & Illustrations* (Grand Rapids: Fleming H. Revell, 1967), p. 196.
6. Adaptado de Steven Vryhof, "Crash Helmets and Church Bells", *Perspectives,* agosto-septiembre 2000, p. 3, citado en Leanne Van Dyk, *Believing in Jesus Christ* (Louisville, KY: Geneva Press, 2002), pp. 109-110.

CAPÍTULO 7: LA POLÍTICA UNIVERSAL DEL CIELO

1. Francis William Boreham, *A Handful Of Stars,* citado en Barnes, comp., *Sermons on Juan 3:16* (Greenville, SC: Ambassador Productions, 1999), pp. 19-20. Es probable que la redacción del versículo siguiera la traducción más popular de la Biblia en inglés, la versión King James: *"For God so loved the world, that he gave his only begotten Son, that whosoever believeth in him should not perish, but have everlasting life".*

2. Larry Dixon, *The Other Side of the Good News* (Wheaton, IL: Victor Books, 1992), p. 133.

CAPÍTULO 9: EL AGARRE DE LA GRACIA DE DIOS

1. David Tereshchuk, "Racing Towards Inclusion", Team Hoyt, http://www.teamhoyt.com/history.shtml.
2. R. C. Zaehner, ed., *Encyclopedia of World Religions* (Nueva York: Barnes & Noble, 1997), s.v. "Hinduism".
3. Dan McKinley, "Aren't All Religions Just Different Ways to the Same Place?" The Coaching Center, http://www.gocampus. org/modx/index.php?id=109.
4. John Blanchard, *Whatever Happened to Hell?* (Wheaton, IL: Crossway Books, 1995), p. 62 [*¿Qué ha pasado con el infierno?* (Moral de Calatrava, España: Peregrino, 2002)].
5. Dave Hunt, *Whatever Happened to Heaven?* (Eugene, OR: Harvest House, 1988), p. 14, citado en Blanchard, *Whatever Happened to Hell?* p. 62.
6. Peter Cotterell, *London Bible College Review*, verano 1989, citado en Peter Lewis, *The Glory of Christ* (London: Hodder and Stoughton, 1992), p. 461.
7. Michael Green, *You Must Be Joking: Popular Excuses for Avoiding Jesus Christ* (London: Hodder and Stoughton, 1981), p. 43, citado en Lewis, *The Glory of Christ*, p. 461.
8. Green, *You Must Be Joking*, p. 43, citado en Lewis, *The Glory of Christ*, p. 461.

CAPÍTULO 10: LA SORPRESA SUPREMA DEL INFIERNO

1. 1 Co 1:18.

2. Robert Jeffress, *Hell? Yes!... and Other Outrageous Truths You Can Still Believe* (Colorado Springs, CO: WaterBrook Press, 2004), pp. 71-72.

3. Martin Marty, *Newsweek*, 27 marzo 1989, citado en Blanchard, *Whatever Happened to Hell?* pp. 15-16.

4. Jeffress, *Hell? Yes!* p. 73.

5. Blanchard, *Whatever Happened to Hell?* p. 105.

6. Vine, *Expository Dictionary of New Testament Words*, p. 867.

7. James Denney, *Studies in Theology* (London: Hodder and Stoughton, 1904), p. 255, citado en Bruce Demarest, *The Cross and Salvation: The Doctrine of Salvation* (Wheaton, IL: Crossway Books, 1997), p. 31.

8. Thomas Vincent, *Christ's Certain and Sudden Appearance to Judgment*, citado en Eryl Davies, *The Wrath of God*, Evangelical Press of Wales, p. 50, citado en Blanchard, *Whatever Happened to Hell?* p. 145.

9. C. S. Lewis, *The Problem of Pain* (Nueva York: MacMillan, 1962), p. 127 [*El problema del dolor* (Nueva York: Rayo, 2006)], citado en Blanchard, *Whatever Happened to Hell?* p. 152.

CAPÍTULO 11: QUÉ HACE CELESTIAL AL CIELO

1. Randy Alcorn, *Heaven* (Wheaton, IL: Tyndale, 2004), pp. 6-7.

2. Ibid., p. 393.

3. Robert Strand, *Moments for Mothers* (Green Forest, AR: New Leaf Press, 1996), extracto citado en Jack Canfield y otros, *A 4th Course of Chicken Soup for the Soul: 101 More Stories to Open the Heart and Rekindle the Spirit* (Deerfield Beach, FL: Health Communications, 1997), pp. 200-201.

Capítulo 12: El punto final sobre la vida
1. Vine, *Expository Dictionary of New Testament Words*, p. 676.
2. Blanchard, *Whatever Happened to Hell?* p. 54.
3. Ef 2:1.
4. Ef 4:18.
5. 1 Jn 5:1.
6. Jn 1:13.

Conclusión
1. Hch 26:20; Ro 10:9; Hch 2:38.

40 Días de devocionales
1. Frank Stagg, *New Testament Theology* (Nashville: Broadman Press, 1962), p. 102.
2. Josef Blinzler, *The Trial of Jesus: The Jewish and Roman Proceedings Against Jesus Christ Described and Assessed from the Oldest Accounts*, trans., Isabel McHugh y Florence McHugh (Westminster, MD: The Newman Press, 1959), p. 103.

Bibliografía de 40 Días de devocionales
Aligere su equipaje (Nashville: Grupo Nelson, 2001).
Aplauso del cielo (Nashville: Grupo Nelson, 1996).
Como Jesús (Nashville: Grupo Nelson, 1999).
Con razón lo llaman el Salvador (Miami: Unilit, 2003).
Cuando Dios susurra tu nombre (Nashville: Grupo Nelson, 1995).
Cura para la vida común (Nashville: Grupo Nelson, 2006).
Dios se acercó (Grand Rapids: Vida, 1992).
Él escogió los clavos (Nashville: Grupo Nelson, 2001).
El trueno apacible (Nashville: Grupo Nelson, 1996).
La gran casa de Dios (Nashville: Grupo Nelson, 1997).

Mi Salvador y vecino (Nashville: Grupo Nelson, 2003).
Todavía remueve piedras (Nashville: Grupo Nelson, 1994).
Un amor que puedes compartir (Nashville: Grupo Nelson, 2002).

ACERCA DEL AUTOR

Max Lucado es el pastor principal de la iglesia Oak Hills en San Antonio, Texas. Es esposo de Denalyn y padre de Jenna, Andrea y Sara. Es autor de muchos éxitos de librería y considerado un líder entre los autores de inspiración en Estados Unidos. Visite su sitio en la Internet www.maxlucado.com.

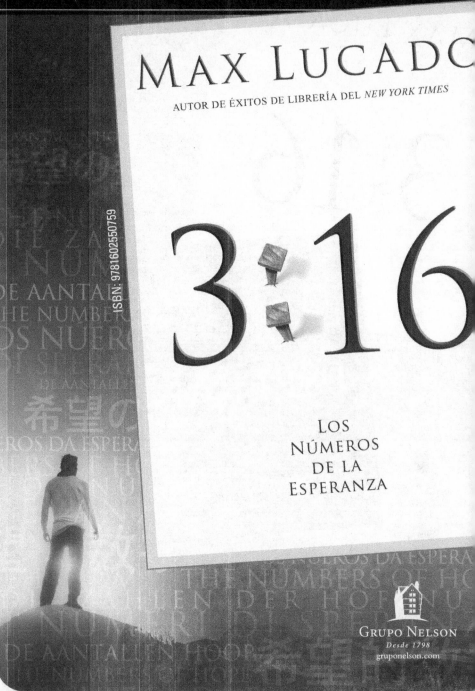

ISBN: 9781602550759

MAX LUCADO

AUTOR DE ÉXITOS DE LIBRERÍA DEL *NEW YORK TIMES*

3:16

LOS
NÚMEROS
DE LA
ESPERANZA

GRUPO NELSON
Desde 1798
gruponelson.com

MAX LUCADO

Autor de éxitos de librería del *New York Times*

3:16

LOS NÚMEROS DE LA ESPERANZA

E V A N G E L I O   D E   J U A N

ISBN: 9781602550759

GRUPO NELSON
Desde 1798
gruponelson.com